THEATRE
DE M. FAVART,
OU RECUEIL
Des Comédies, Parodies & Opera-Comiques qu'il a donnés jusqu'à ce jour,

Avec les Airs, Rondes & Vaudevilles notés dans chaque Piéce.

THÉATRE ITALIEN.

TOME PREMIER.

A PARIS,
Chez DUCHESNE, Libraire, rue Saint Jacques, au-deſſous de la Fontaine Saint Benoît, au Temple du Goût.

Avec Approbation & Privilége du Roi.
M. DCC. LXIII.

TABLE GÉNÉRALE

Des Piéces contenues dans ces huit Volumes.

THÉATRE ITALIEN.

Tome I.
- Hyppolite & Aricie, Parodie d'Hyppolite. De M. Favart seul.
- Les Amans Inquiets, Parodie de Thétis & Pélée. Seul.
- Les Indes Dansantes, Parodie des Indes Galantes. Seul.
- Airs & Vaudevilles de la Parodie des Indes Dansantes.
- Les Amours Champêtres, Pastorale. Seul.
- Fanfale, Parodie d'Omphale, en cinq Actes & Divertissemens. Avec M. de Marcouville.
- La Coquette Trompée, Comédie Lyrique, un Acte. Seul.
- Cette Piece a été représentée à la Cour & à l'Académie Royale de Musique.

Tome II.
- Tircis & Doristée, Pastorale, Parodie d'Acis & Galatée. Seul.
- Baïoco & Serpilla, Parodie du Joueur, Interméde, en trois Actes. On a employé dans cette Piéce plusieurs choses du Baïoco & Serpilla de M. Romagnesi.
- Raton & Rosette ou la Vengeance Inutile, Parodie de Titon & l'Aurore. Seul.
- Vaudevilles, & Ariettes Italiennes, parodiées dans Raton & Rosette.
- Zéphire & Fleurette, Parodie de Zélindor, en un Acte. Avec Mrs. Laujon & Pannard.
- La Bohémienne, Comédie en deux Actes & en vers, mêlée d'Ariettes. Seul.
- Les Ariettes de la Bohémienne en deux Parties.

THÉATRE ITALIEN.

Tome III.
- LE CAPRICE AMOUREUX OU NINETTE A LA COUR, Comédie en deux Actes, mêlée d'Ariettes. Seul.
- Ariettes de Ninette à la Cour, en quatre Parties.
- LES CHINOIS, Comédie en un Acte, en vers, mêlée d'Ariettes, avec M. Naigeon.
- Ariettes du Chinois, Intermède.

Tome IV.
- LA NÔCE INTERROMPUE, Parodie d'Alceste, en trois Actes. Seul
- LA SOIRÉE DES BOULEVARTS, Ambigu mêlé de Scenes, de Chants & de Danses. Seul.
- Airs & Vaudevilles de la Soirée des Boulevarts.
- Supplément à la Soirée des Boulevarts. Seul.
- PETRINE, Parodie de Proserpine. M. Sedaine a fait plusieurs couplets dans cette Parodie.
- SOLIMAN SECOND, Comédie en trois Actes, en vers. Seul.
- Ariettes de Soliman Second.

Tome V. de Madame Favart.
- LES AMOURS DE BASTIEN ET BASTIENNE, Parodie du Devin du Village. Avec M. Harni.
- LA FESTE D'AMOUR OU LUCAS & COLINETTE, petite Piéce en vers & en un Acte. Avec M. Chevalier.
- LES ENSORCELÉS OU JEANNOT & JEANNETTE, Parodie. Avec Mrs. Guerin & Harni.
- LA FILLE MAL GARDÉE OU LE PÉDANT AMOUREUX, Parodie de la Provençale. Avec M. l'Abbé de L.
- Ariettes du Pédant Amoureux.
- LA FORTUNE AU VILLAGE, Parodie d'Églé, avec les Ariettes. Avec M. Ber***
- ANNETTE & LUBIN, Comédie en un Acte & en vers, avec M. de T....

La Table des 3 vol. du Théâtre de la Foire est au Tome VI.

PRÉFACE.

LE Théâtre de M. *Favart*, si piquant par sa singularité, par la variété des compositions, & par les agrémens répandus dans toutes celles qu'il nous présente, réunit presque tous les genres qui, depuis trente ans, ont fait l'objet des Spectacles. Operas-Comiques, Parodies, Comédies Lyriques, Pastorales, Pièces de sentimens, &c: tout ce que le Théâtre Italien & celui de la Foire ont produit de plus ingénieux dans les nouveaux genres qui s'y sont introduits successivement, se trouve ici rassemblé. Ainsi ceux qui voudront connoître les divers génies de ces deux Théâtres, dans la durée du temps qu'embrasse la collection de ses Ouvrages, les y reconnoîtront sans peine, parce qu'il leur a souvent donné le ton, au lieu de le prendre ; ce qui montre, dans cet agréable Ecrivain, une supériorité de talens qu'on ne met plus en question. L'histoire des productions de M. *Favart*, est donc en quelque sorte celle des deux Théâtres auxquels il s'est le plus attaché, & l'on verra qu'aucun Auteur n'a mieux réussi à varier nos amusemens à ces deux Spectacles.

De ces genres de composition si différens, si disparates, & qui sans doute demandoient une grande souplesse d'esprit, conclura-t-on qu'il a déféré à l'instabilité de nos goûts, à l'inconstance naturelle qui nous emporte rapidement vers tous les objets où nous croyons voir quelque lueur de nouveauté ? Il nous semble au moins qu'on doit faire une distinction, que nous laisserons développer à ceux qui en auront le loisir. Il y a un Goût indépendant de nos mœurs & de notre génie, une sorte de sentiment général qui fixe par-tout les idées du beau, du bon, du mauvais, sous quelque forme qu'ils se produisent ; & c'est là *le Goût*, absolument dit, Goût uniforme & invariable chez tous les Peuples où sont cultivés les Lettres & les Arts. Il y a un *Goût national*, qui tient entierement à nos

PRÉFACE.

mœurs, au caractere général, à nos préjugés, & dont toutes nos productions, tous nos jugemens, ont plus ou moins l'empreinte. Ce Goût national peut se modifier, & se modifie en effet chez nous plus que chez tous les autres Peuples. De-là tous ces goûts passagers, dont les vicissitudes, courtes & soudaines, influent d'une maniere si sensible sur nos amusemens en tout genre.

M. *Favart* est venu, si on l'ose dire, dans le tems critique de la plus grande effervescence, de la plus grande mobilité de ce Goût si léger, si fugitif, si difficile à fixer, & il s'est voué aux deux Théâtres où son inconstance est le plus marquée. Il a commencé par celui de la Foire, connu sous le nom d'Opera-Comique, & c'est-là qu'il a fait ses premieres armes. Mais voyons en quel état étoit alors ce Spectacle.

Le Théâtre de la Foire, formé en partie des débris de l'ancien Théâtre Italien*

---

* La réunion de l'Opera-Comique à la Comédie Italienne, l'a fait revenir en quelque sorte à ses premiers élémens, & l'on n'a guéres fait autre chose que restituer à celle-ci ce qui en avoit été démembré. La seule comparaison du Théâtre de Gherardi avec celui de la Foire, suffira pour justifier cette réflexion.

PRÉFACE.

qui fut supprimé en 1697, s'établit sous différens noms, vers le commencement du siécle; mais ce fut sous la Régence (en 1719 ou 1720) qu'il prit, avec une forme plus constante & plus réguliere, le nom d'Opera-Comique. On pourroit cependant lui trouver une origine bien plus ancienne, fondée sur deux Pièces peu connues, & qui sont dans le cabinet de M. *Favart*. L'une est intitulée *la Comédie des Chansons*, & imprimée à Paris chez Toussaint Quinet au Palais en 1640. L'autre, qui a pour titre l'*Inconstant Vaincu*, est une Pastorale en chansons: elle parut environ vingt ans après la premiere, & elle est imprimée à Paris chez Etienne Loyson, en 1661.

» La Comédie des Chansons (aux termes de l'Avertissement qu'on y lit), » faite de Pièces rapportées où l'on n'a » pas ajouté un mot, est une espece de » Mosaïque composée de Vaudevilles & » d'Airs *de Cour*, comme on disoit alors. Voilà donc bien formellement l'Opera-Comique tenté dès 1640, & en même-tems la Parodie. Car (au moins suivant l'Editeur), » outre que dans cette Comé- » die il n'y pas un mot qui ne soit un

PRÉFACE.

« vers ou un couplet de quelque chan-
» fon, tel en eſt l'artifice, qu'une chan-
» fon ridicule répond fouvent à une des
» plus férieuſes, & une vieille à une nou-
» velle ». Au reſte, cette Pièce, quoiqu'imprimée avec privilége du Roi, eſt
extrémement licencieuſe, & ſans mœurs,
ſans intérêt, ſans intrigue. On y peint
des amours ſoldateſques, & une jeune fille
très-libertine qui ſe trouve groſſe, & qui
eſt toujours dans le cas d'une occaſion
prochaine. Enfin, elle n'a d'autre mérite
que de dater de plus d'un ſiécle, & de
nous avoir conſervé quelques couplets
paſſables pour le tems.

L'*Inconſtant Vaincu*, malgré les grands
Airs dont cette Pièce eſt compoſée, malgré le férieux des amours qu'elle repréſente, vaut encore moins que la premiere. On a voulu l'égayer, en y intro-
duiſant une ſorte de *Goinfre* ou d'yvrogne toujours cloué au cabaret, & une
eſpèce d'Amant tranſi, qui, pour ſe dé-
piquer du mauvais ſuccès de ſes très-
froides amours, prend le même parti:
mais tout cela du plus bas comique &
ſans aucun ſel.

Quelle que ſoit l'origine de l'Opera-

Comique *, il s'accrédita dans ces tems de vertige, où le système ayant confondu tous les états, par des fortunes aussi étranges que rapides, entraînoit nécessairement la corruption du goût & des mœurs. Ce Spectacle, alors très-licentieux, ne faisoit que parler à peu près le langage des sociétés : sa licence, par conséquent, devoit moins être imputée aux Auteurs qui en souilloient leurs écrits, qu'au Public même dont il falloit malheureusement flatter la dépravation, pour l'attirer & obtenir son suffrage.

Le Sage, Dorneval, Fuselier, & quelques autres bons Ecrivains, tenterent d'annoblir l'Opera-Comique. Ils commencerent à le purger des obscénités les plus grossieres, ou du moins à y introduire,

---

* Ce Spectacle, si analogue au fond de gaieté, au génie chantant qui caractérisent la Nation, a sûrement précédé les Operas Bouffons d'Italie. La *Pomone* de l'Abbé Perrin, (où les Satyres de la Suite de Priape voulant embrasser les Filles de Lampsaque, celles-ci se changent en autant de buissons d'épines) ; les premiers Operas de Quinaut, *Cadmus* & *Alceste*, mêlés de Scenes comiques ; le *Pourceaugnac* de Moliere, & quelques Divertissemens du même, sembloient avoir indiqué ce genre.

PRÉFACE.

avec plus de finesse & plus d'art, le goût de la bonne plaisanterie. S'ils ne purent pas remplir entierement leur objet, c'est que l'on étoit prévenu qu'une liberté cynique constituoit ce genre, & qu'elle en devoit être le caractere distinctif. Le vice étoit trop enraciné ; il falloit du tems pour le détruire, & ce n'est que par degrés qu'on est parvenu à rendre ce Spectacle digne des honnêtes gens. Cependant il fut dès les premiers tems l'Ecole de nos meilleurs Comiques, qui tous s'essayerent dans ce genre. Mais pour en bien distinguer les caracteres, il faut le diviser en quatre Ages.

Un Greffier de la Ville, aidé de quelques amis, commença à mêler des couplets dans des Scenes empruntées du Théâtre Italien, ou composées dans le goût de ce Théâtre. L'Abbé *Pelegrin*, qui n'avoit encore fait que des *Cantiques Spirituels*, qu'on pouvoit estimer, mais qu'on payoit mal, crut être mieux récompensé en consacrant ses talens Lyriques au genre profane. Il fit le premier pour la Foire quelques Pièces en Vaudevilles, & comme ce Spectacle étoit livré à toute la licence que les mœurs

PRÉFACE.

toléroient alors, il n'y épargna pas le gros sel. C'est à ce tems qu'on peut rapporter le premier Age de l'Opera-Comique. *Le Sage*, *Dorneval*, *Fuselier*, *la Font*, *le Grand*, & l'Auteur de *la Métromanie*, qui soutinrent assez longtems sa fortune, appartiennent à ce premier Age. Quelques unes de leurs productions se ressentoient peut-être encore de la liberté des chansons de *Blot*, & des grosses gaietés de *Dancourt*, qui semble avoir aussi contribué à donner le ton au Théâtre de la Foire; mais on vit du moins percer l'esprit, le bon goût dans ce qu'ils hazarderent de plus libre. La Philosophie même s'en mêla: le Sage en fit entrer des traits dans *les Pelerins de la Mecque*, & dans quelques autres Pièces *.

---

* Ce Couplet de la Pièce intitulée *l'Espérance*, quoiqu'un peu tourné au sophisme, a mérité d'être retenu.

DEMAIN est un jour qui fuit,
Dont on ne voit point l'existence;
Au milieu de chaque nuit,
Il perd son nom dans sa naissance:
Quand on croit s'assurer de lui,
On trouve que c'est *Aujourd'hui*.
Jusqu'à présent aucun Humain
N'a pû voir arriver demain.

PRÉFACE.

Nous fixerons le second Age de l'Opera-Comique au premier tems de M. *Pannard*, qui est celui de *Fagan*, de *Boissi*, de *Carolet*, & du début de M. Favart. M. Pannard, à ce Théâtre, fit principalement rire la Morale, & personne ne l'a si bien présentée sous le masque de l'amusant Vaudeville. Carolet, aussi mince Ecrivain qu'obscene Comique, ne doit jamais être cité. Quant aux sieurs Fagan & Boissi, ils ne préluderent à ce Spectacle que pour s'élever aux compositions agréables qu'ils donnerent depuis aux deux autres. Les premieres Pièces de M. Favart déceloient déjà son goût pour le *Sentiment*, & c'est-là proprement le genre qu'il a introduit dans un Spectacle où l'on n'en voyoit presque aucune trace.

Le troisiéme Age de l'Opera-Comique ne s'étend guères au de-là des deux principaux Auteurs qui l'ont seuls, à peu près, rempli. M. Favart & le Sr. *Vadé* sembloient s'être partagé le Spectacle. Le dernier est communément regardé comme l'Inventeur du *Genre Poissard*, & il en est du moins le Coryphée. Mais comme le génie ou le talent particulier d'un Acteur détermine assez souvent le

PRÉFACE.

goût des compositions, M. Favart avoit essayé ce genre dans les *Bateliers de Saint Cloud*, où le Sr. *Lecluse* rendoit si naïvement le langage & le maintien des gens de riviere. On pourroit même le faire remonter jusqu'à l'*Impromptu du Pont-Neuf*, donné par M. Pannard en 1729, à l'occasion de la Naissance de Monseigneur le Dauphin *.

Dans le quatrieme & dernier Age de l'Opera-Comique, on voit encore figurer M. Favart, & commencer M. *Sedaine*, qui, par le choix singulier de ses sujets, par la conduite de ses Drames & l'esprit naturel qu'il y fait entrer, a le mérite, aujourd'hui si rare, d'avoir un genre à lui, d'être original. Cet Age est celui des Pièces à Ariettes, dont on peut fixer la premiere époque à la Parodie de *Raton & Rosette*, donnée au Théâtre Italien par M. Favart en 1753. *Les Troqueurs*,

---

* L'*Impromptu du Pont-Neuf* nous rappelle un fait intéressant, dont il est bien juste de faire honneur à M. *Pannard*. C'est lui qui a été le premier l'organe d'un sentiment imprimé dans tous les cœurs des François; qui, dans le Vaudeville des *Fêtes Sinceres*, représentées à la Cour en 1744 devant la Reine, a nommé le Roi, Louis LE BIEN-AIMÉ.

PRÉFACE. xj

de Vadé, mis en Musique par M. *Dauvergne*, sont le premier essai dans ce genre fait au Théâtre de la Foire, & cet essai fut trop heureux pour n'être pas très-promptement imité, comme on imite parmi nous, avec une sorte de fureur. De-là toutes ces mauvaises rapsodies que leur charivari Musical fait aujourd'hui passer dans la foule, mais qui ne font point illusion à ceux dont tout l'esprit n'est pas dans l'oreille.

Si M. Favart, en entrant dans la carrière, trouva l'Opera-Comique en train de s'épurer quant au goût & aux mœurs, il y avoit encore bien de l'ouvrage à faire, & il a plus contribué que personne à y attacher la décence si nécessaire dans tous les amusemens publics, qui ne peuvent qu'y gagner de toutes façons *. Car quoi qu'en

---

* Puisque l'occasion s'en présente, rendons au Sr. *Monnet* la justice qu'on ne sçauroit lui refuser. C'est à lui que l'Opera-Comique a dû le bon ordre, la décence extérieure, & même l'éclat, qui dans les derniers tems l'avoient élevé au rang des Spectacles reglés. Il obtint en 1743, pour six ans, le Privilége de l'Opera-Comique, & commença par solliciter une Ordonnance du Roi pour en écarter la Livrée, qui de tout tems étoit en possession du Parterre. Il décora

PRÉFACE.

difent les libertins, on l'a décidé depuis long-tems : ce n'eſt jamais que faute d'eſprit, & ſur-tout d'imagination, qu'on ne ſçait rien voiler, que l'on voile mal,

---

très-proprement la Salle, n'épargna rien pour former un bon Orqueſtre, changea toute la face du Spectacle, & porta dans toutes ſes parties cette intelligence & ce goût dont il a donné tant de preuves. Tout Paris vint en foule applaudir aux nouveaux agrémens d'un Théâtre qui s'annobliſſoit de jour en jour. C'eſt dans l'*Ambigu de la Folie*, (Parodie *des Indes Galantes*, de M. Favart), qu'il donna à la Foire St. Laurent (même année 1743), quon vit éclorre les talens de trois grands Sujets, Mlle. *Puvigné*, Mlle. *Lany* & M. *Noverre*; ils danſerent le *Pas-de-Trois* de l'Acte des Fleurs. La Foire Saint Germain ſuivante fut encore plus brillante que la premiere. L'*Acajou* de M. Favart, joué d'original par de bons Acteurs formés au goût du nouveau Théâtre, eut un ſuccès étonnant, & le ſieur Monnet y contribua beaucoup par la dépenſe qu'il fit pour cette Piéce. Enfin tel fut le ſuccès des deux Foires, qu'il excita la jalouſie. On inſpira à M. Berger, alors Directeur de l'Opera, de faire réſilier le bail du ſieur Monnet, & celui-ci n'eut que l'honneur d'avoir bien monté le Spectacle qui fit pendant quelques années l'amuſement le plus piquant de la Capitale. En 1752, le ſieur Monnet reprit le bail de l'Opera-Comique, qu'il a continué juſques & compris 1757. Dans cette même année 1752, il fit conſtruire à ſes frais à la Foire Saint Laurent le plus joli Théâtre, & le mieux entendu peut-être, qu'il y ait en France.

PRÉFACE.

que l'on descend même à ces froides équivoques, beaucoup plus méprisables sans doute, que toutes les nudités Gauloises dont notre délicatesse rougit.

M. Favart étoit fort jeune alors; car ce fut en 1734, à la Foire S. Germain, qu'il donna sa premiere Pièce intitulée *les Deux Jumelles*. Cette Pièce en enfanta plusieurs autres, & presque toutes les années, depuis cette époque, ont été marquées par de nouvelles productions.

Le Génie de l'Opera-Comique, & *l'Enlevement Précipité* (2 Actes) donnés en 1735; *le Nouveau Parnasse* (1 Acte), *la Dragonne* (2 Actes), *l'Amour & l'Innocence*, Ballet entremêlé de Scenes dont l'idée est de M. *de Verriere*, en 1736; *le Vaudeville*, Prologue, *la Pièce sans titre* ou *le Prince Nocturne* (1 Acte), & *Mariane* (1 Acte), en société avec M. Pannard, en 1737; * *le Bal Bourgeois* (1 Acte), en 1738; * *Moulinet Premier*, *les Rejouissances Publiques*, Pièce mêlée d'Intermedes, *Harmonide*, Parodie de l'Opera de Zaïde, (3 Actes), & *les Fêtes Villageoises*, (2 Actes), avec un Prologue, en 1739; *Pyrame & Thisbé*, Parodie de l'Opera du même titre, * *la Servante Justifiée*, *la Barriere du Parnaſſe* ou *la Muſe Chanſonniere*, *les Recrues de l'Opera-Comique*, *les Epoux*, ſur un fond procuré par M. *Parmentier*, & * *les Jeunes Mariés* (5 Actes), en 1740 : voilà vingt Pièces qui précéderent *la Chercheuſe d'Eſprit*, & dont on n'a conſervé que les quatre Pièces marquées d'une étoile.

LA CHERCHEUSE D'ESPRIT, en 1741, développa tous les talens de l'Auteur, & lui aſſura le premier rang dans ce genre de compoſition. Cette Pièce fut ſuivie dans la même année (1741), de *la Joye*, 1 Acte ; de *Farinette*, Parodie de Proſerpine, 1 Acte ; du *Bacha d'Alger*, 1 Acte ; * des *Bateliers de Saint Cloud*, 1 Acte ; des *Valets*, où M. *Valois d'Orville* a eu part, 1 Acte ; & en 1742, de *la Fauſſe Duegne*, ſujet fourni par M. *Parmentier*, en 2 Actes. Ce ſont ſix Pièces à ajouter au dénombrement des productions de l'Auteur.

Long-tems avant ces Eſſais de M. *Favart* (on diſtinguera bien les Pièces que nous ne comprenons point ſous le nom d'Eſſais), le Théâtre Italien s'étoit enrichi d'un nouveau genre, de LA PARO-

PRÉFACE.

DIE*, qui, selon toutes les apparences, en l'état où nous l'avons aujourd'hui, ne nous vient pas directement des Grecs qui l'ont inventée, ou a bien pris le goût de notre terroir.

M. l'Abbé *Sallier*, qui voyoit ces Grecs d'assez près, avoit découvert chez eux quatre especes de Parodies, qu'il réduit à deux principales, à la Parodie simple & narrative, & à la Parodie Dramatique**. Nous nous sommes emparé de ces deux-là, & il prétend que la derniere, c'est-à-dire la Parodie Théâtrale, *devient entre les mains de la Critique le flambeau dont on éclaire les défauts d'un Auteur qui avoit surpris l'admiration* ***. La Mothe n'étoit

---

* Ce mot, tout Grec, est composé de παρά & du substantif Ωδη̃ chant. Or la préposition *Para*, qui modifie tant de mots Grecs, attache à la fois à celui-ci une idée de ressemblance & une idée d'opposition.

** L'invention de celle-ci est attribuée à Hégémon, de Thasüs, Isle de la Mer Egée, lequel dans la 91e. Olympiade apporta une Parodie Dramatique, au lieu d'une Comédie ordinaire, pour la distribution des prix qui se faisoit dans les Jeux publics.

*** Mémoires de l'Académie des Inscriptions & Belles-Lettres, tom. 7. p. 398.

PRÉFACE.

pas de cet avis. A l'occasion de la Parodie d'Inès, dont il fut beaucoup trop piqué pour un homme qui entendoit si bien raillerie, il fit un Discours sur les Parodies, où il les représente comme *une Mode Françoise, fille d'un badinage dangereux, amusement malin des esprits superficiels.* Fuselier lui répondit vivement dans un Discours ingénieux servant de Préface au Recueil des Parodies de la Comédie Italienne, publié chez Briasson en 1738, & il ne manqua pas de se prévaloir de l'autorité du Sçavant contre le Bel-Esprit qui croyoit peut-être de bonne foi la Parodie née Françoise.

Quoique la Mothe & ses partisans en pûssent dire, on continuoit de goûter la Parodie Dramatique, & tous les Operas anciens ou nouveaux, toutes les Tragédies nouvelles, payoient un tribut aux Parodistes. M. *Favart* se partagea donc entre ce genre & l'Opera-Comique, & il excella dans l'un & dans l'autre. Ce sont principalement ces deux genres qui constituent son Théâtre, & nous allons indiquer les Pièces dont les huit Tomes sont composés.

IL

PRÉFACE.

Il étoit juste de donner le pas aux Pièces du Théâtre Italien, & elles remplissent quatre volumes, tant de Parodies que d'autres Pièces Lyriques.

Les Parodies sont : 1°. *Hyppolite & Aricie*, Parodie de l'Opera du même nom, 1 Acte, 1742.

2°. *Les Amans Inquiets*, Parodie de Thétis & Pelée, 1 Acte, 1751.

3°. *Les Indes Dansantes*, Parodie des Indes Galantes, formée de trois Entrées, qui sont : *le Turc généreux, les Incas du Perou, & la Fête des Fleurs*, 1751; avec les Airs & Vaudevilles notés.

4°. *l'Anfale*, Parodie d'Omphale, & les Divertissemens, avec M. *de Marcouville*, 1752.

5°. *Tyrcis & Doristée*, Parodie d'Acis & Galatée, 1 Acte, 1752.

6°. *Baïoco & Serpilla*, Parodie du Joueur, Intermede Italien, 3 Actes, avec les Ariettes notées, 1753. Le fond de cette Pièce n'appartient pas à M. Favart ; il est de *Dominique & Romagnesi*. Des Bouffons Italiens représenterent en 1728 ou 1729, sur le Théâtre de l'Opera, plusieurs Intermedes qui eurent du succès, & entr'autres, *Dom Mico e Lesbina, Baïoco e Ser-*

pilla. Les deux Auteurs que nous venons de nommer parodierent ces dernieres Pièces en faisant un mélange de François & d'Italien. En 1753, de nouveaux Bouffons d'Italie s'installerent encore sur la Scene Lyrique, & leurs succès ont fait parmi nous une révolution dans l'Art Musical. Les Bouffons proscrits, il y eut un déchaînement presque général contre la Musique Italienne; mais en s'élevant contre cette Musique, on l'imitoit insensiblement, & son génie est devenu à présent le nôtre. On peut aussi rapporter à cette époque la naissance des *Pièces à Ariettes*. M. *Sodi*, Musicien Italien, saisit cette circonstance pour faire de la Musique nouvelle sur l'ancienne Parodie de *Baïoco e Serpilla*; mais comme les Paroles ne convenoient plus au goût actuel du Théâtre, M. Favart reprit l'Ouvrage sous œuvre, & le mit dans la forme où il est dans ce Recueil.

7°. *Raton & Rosette*, ou *la Vengeance Inutile*, Parodie de Titon & l'Aurore, avec les Ariettes Italiennes & les Vaudevilles, 1 Acte, 1753.

8°. *Zéphire & Fleurette*, Parodie de l'Acte de Zélindor, avec MM. *Pannard* & *Laujon*, 1754.

PRÉFACE.

9°. *Les Chinois*, Parodie *del Cinese*, & les Ariettes notées, 1 Acte, avec M. *Naigeon*, 1756.

10°. *La Nôce Interrompue*, Parodie d'Alceste, 3 Actes, 1758.

11°. *Petrine*, Parodie de Proserpine, 1 Acte, avec Divertissement & Vaudevilles, 1759. M. *Sedaine* y a fait quelques couplets.

On n'a point compris dans ce Recueil une Parodie de *Dardanus*, faite en société avec M. *Pannard*.

Les Comédies & Pièces Lyriques, au nombre de huit, sont:

Don Quichotte chez la Duchesse, Ballet Comique en 3 Actes, représenté par l'Académie Royale de Musique en 1743. La Musique est de M. *Boismortier*. Mlle. *Clairon* jouoit à l'Opera dans cette Pièce.

Les Amours Champêtres, Pastorale, 1 Acte, 1751.

La Coquette Trompée, Comédie Lyrique, représentée à Fontainebleau sur le Théâtre de la Cour en 1753, & ensuite à Paris par l'Académie Royale de Musique, en 1758, 1 Acte. La Musique est de M. *Dauvergne*.

La Bohemienne, Comédie en vers, mê-

PRÉFACE.

lée d'Ariettes, & traduite de la *Zingara*, Interméde Italien, 2 Actes, avec la Musique des Ariettes, 1755.

Le Caprice Amoureux, ou *Ninette à la Cour*, Pièce en 2 Actes, mêlée d'Ariettes, représentée en 1755, en 3 Actes, & réduite à 2 en 1756. Toutes les Ariettes notées sont jointes ici à la Pièce.

La Soirée des Boulevards, Ambigu Comique mêlé de Scenes, de Chants & de Danses, (Pièce très-gaie & très-amusante), 1759.

Supplément à la Soirée des Boulevards, composé de neuf Scenes, avec Divertissement & Vaudeville, 1759.

Soliman Second, Comédie en 3 Actes en vers, très-bien écrite, & dont le succès a été si soutenu, si marqué.

LE Cinquieme Tome de ce Recueil contient les Ouvrages de *Madame Favart*. On sent bien qu'en la nommant, c'est nommer aussi son Mari, dont il est aisé de reconnoître le style; mais entre Époux de bonne intelligence, les talens & les agrémens de l'esprit doivent entrer dans la Communauté. Madame Favart, à portée de puiser à la source le goût des sentimens délicats, avec l'art de les exprimer,

PRÉFACE.

réunit donc le talent de la Composition à ceux de l'Action. De-là les six Pièces qui remplissent ce Volume. Ces Pièces consistent en quatre Parodies, qui sont :

Les Amours de Bastien & Bastienne, où M. *Harny* a eu part. C'est une Parodie du *Devin de Village*, sur laquelle il suffira d'observer qu'aucune Pièce au Théâtre n'a été jouée si long-tems, ni si constamment redemandée ; en sorte que les Comédiens se sont plûtôt lassés de la redonner si souvent, que les Spectateurs de la revoir après une infinité de Représentations, 1 Acte, 1753.

Les Ensorcelés, ou *Jeannot & Jeannette*, Pièce à laquelle ont travaillé MM. *Guerin & Harny*. C'est une espece de Parodie de *la Surprise de l'Amour*, 1 Acte, 1757.

La Fille malgardée, ou *le Pédant Amoureux*, Parodie de la *Provençale*, 1 Acte, 1758.

La Fortune au Village, Parodie de l'Acte d'Églé, 1 Acte, 1760.

2°. En deux Pièces Lyriques, chacune d'un Acte, sçavoir :

La Fête d'Amour, ou *Lucas & Colinette*, espece de Pastorale, précédée d'un Prologue, & augmentée ici de la Musique.

PRÉFACE.

Annette & Lubin, Comédie en vers, dont le sujet est tiré des Contes Moraux de M. *Marmontel* Le Théâtre retentit encore des applaudissemens qu'a reçu cette derniere Piéce, & la plûpart des Couplets, ou des petits Airs ont passé des plus agréables bouches dans celles du Peuple : c'est, je crois, tout dire.

Les 6ᵉ., 7ᵉ. & 8ᵉ. Tomes. comprennent le Théâtre de la Foire. On y trouve trois Parodies :

Moulinet Premier, Parodie de Mahomet Second, Tragédie du feu sieur *de la Noue*, 1 Acte, 1739.

Thésée, nouvelle Parodie de l'Opera de ce nom, faite en société avec MM. *Laujon & Parvi*, 1 Acte, 1745. On lit dans le Calendrier des Théâtres, (qui se vend chez *Duchesne*, rue S. Jacques) sixiéme partie, année 1757, p. 110. une anecdote assez plaisante, arrivée à l'occasion de cette Piéce.

L'Amour Impromptu, Parodie de l'Acte d'Églé des Talens Lyriques, 1 Acte, 1756.

Les Operas-Comiques, au nombre de 20, sont :

La Servante Justifiée, sujet tiré des

PRÉFACE.

Contes de la Fontaine, & très-bien rendu, en société avec le sieur *Fagan*, 1 Acte, 1740.

La Chercheuse d'Esprit, Pièce charmante, bien faite en tous points, & selon nous, le chef-d'œuvre de ce Théâtre, 1 Acte, 1741.

Le Prix de Cythere, avec un Prologue, en société avec M. le Marquis de P. 1 Acte, 1742.

Le Coq de Village, 1 Acte, 1743. C'est le stratagême dont on prétend qu'usa le Syndic d'un Village, pour soustraire à l'évenement du sort un garçon qui tiroit à la Milice. Ce sujet est très-ingenieusement accommodé au Théâtre, & l'on n'oubliera jamais le charmant couplet des Fleurs. Mlle. *Beaumenard* parut pour la premiere fois dans cette Pièce, sous le rôle de *Gogo*, qui fut fait pour elle.

Les Bateliers de Saint Cloud, 1 Acte, 1741 & 1744.

La Coquette sans le sçavoir, avec M. *Rousseau* de Toulouse, 1 Acte, 1750.

Acajou, 3 Actes, 1752 & 1753. Cette Pièce, tirée du Conte d'Acajou de M. *Duclos*, est pleine d'esprit & assaisonnée de bon sel Attique. Elle fut d'abord jouée en prose mêlée de couplets, en 1744,

PRÉFACE.

à la Foire Saint Germain. Après la défense faite à l'Opera-Comique de parler, on la redonna toute en Vaudevilles à la Foire Saint Laurent, & sur le Théâtre de l'Opera. Acajou, dans la nouveauté, attira un concours si prodigieux que, le jour de la Clôture du Théâtre, la barriere qui séparoit le Parquet du Parterre fut brisée.

Les Amours Grivois, ou *l'Ecole des Amours Grivois*, Divertissement Flamand en 1 Acte, 1744, en société avec MM. *la Garde & le Seurre*. C'est dans cette Pièce, qui est d'une grande gaieté, que la Dlle. *Darimath* rendoit si naïvement cette Ronde : *Mon p'tit cœur, vous n' m'aimez guères*, &c. Le sieur *Dourdet*, & la Dlle. *Sauvage* (ma Mie Babichon) y firent aussi beaucoup de plaisir sous les caracteres de Niais & de Niaise.

Le Bal de Strasbourg, Divertissement Allemand par la même société, 1 Acte, 1744. Cette Pièce donnée à l'occasion du rétablissement de la santé du Roi, ne pouvoit manquer, dans les circonstances, d'être fort agréablement reçue. Mais ce qui en fit le principal succès, c'est le Vaudeville touchant de la Scene du Courier, dont les paroles & l'air sont de M. *Favart*, & que toute l'Assemblée chantoit du plus grand zèle avec les Acteurs. Il lui valut une députation des Dames de la Halle, avec un présent de fleurs & de fruits.

L'Amour au Village, 1 Acte, 1745. C'est le fond d'un Opera-Comique du sieur *Carolet*, qui avoit pour titre, *l'Amour Paysan*. M. Favart n'avoue point cette Pièce, quoiqu'il l'ait refondue, & qu'il y ait mis plusieurs Vaudevilles & des Scenes nouvelles.

Cythere Assiégé, 1 Acte. Cette Pièce fut d'abord faite en prose & couplets par l'Auteur, en société avec M. *Fagan*, & représentée à Paris à l'Ouverture de la Foire Saint Laurent 1738. Depuis elle fut entierement refondue par M. *Favart* pour la Troupe des Comédiens de Bruxelles, & représentée en 1748. Enfin elle a été donnée à Paris sur le Théâtre de la Foire en 1754.

Les Jeunes Mariés, 1 Acte. Cette Pièce, parut dès 1740; & elle a été reprise à toutes les époques de l'Opera-Comique.

Les Nymphes de Diane, 1 Acte. Cet Opera-Comique fut joué d'abord en vers & couplets, & même imprimé en

Flandres, en 1748. L'Auteur l'ayant remis tout en Vaudevilles pour le Théâtre de la Foire, il y fut représenté en 1755.

Le Mariage par Escalade, 1 Acte, 1756. Cette Pièce fut faite à l'occasion de la Prise de Port-Mahon, & d'une Fête particuliere qui avoit été préparée pour le retour de M. le Maréchal Duc de Richelieu.

La Répétition Interrompue, en société avec M. *Pannard*, 1 Acte, 1735. M. Favart fit une nouvelle intrigue à cette Pièce, lorsqu'elle fut remise au Théâtre, sous le titre du *Petit-Maître malgré lui*, en 1757.

La Parodie au Parnasse, 1 Acte, 1759, Satyre ingénieuse & très-fine. M. Favart n'avoue point cette Pièce, telle qu'elle est imprimée ici, quoique le fond, le quadre, la plus grande partie des couplets, & presque tous les détails lui appartiennent. Un Anonyme ayant eu, on ne sçait comment, une copie de cet Opera-Comique, représenté en 1740 sous le titre *de la Barriere du Parnasse* ou de *la Muse Chansonniere*, & ne sçachant pas que M. Favart en étoit l'Auteur, crût pouvoir se l'approprier. Il y insera la critique des Ouvrages Drama-

PRÉFACE.

tiques qui paroiſſoient alors, critique un peu trop vive, & qu'aſſurement M. Favart, qui n'y eſt pas ménagé lui-même au ſujet de *Petrine*, ne ſe ſeroit pas permiſe. La Scene de Diogène eſt une perſonnalité, & l'on n'en trouvera dans aucune des productions de notre Auteur. On avoit judicieuſement retranché cette Scene à la Repréſentation : elle n'auroit pas dû reparoître ici.

Le Retour de l'Opera-Comique, 1 Acte, 1759.

Le Départ de l'Opera-Comique, Compliment, 1 Acte, 1759.

La Reſſource des Théâtres, 1 Acte, 1760. Il n'appartient dans cette Pièce à M. Favart que le *Vaudeville des Portraits à la Mode*, dont il a fait l'Air & les Paroles ; mais ce Vaudeville a fait preſque ſeul tout le ſuccès de la Pièce.

Le Bal Bourgeois, Pièce mêlée d'Ariettes, en 1 Acte, repréſentée en 1738, & imprimée avec quelques changemens en 1762.

On peut ajouter à cette Liſte cinq Pièces qui n'ont pas été imprimées, ſçavoir :

Les Vendages d'Argenteuil, Opera-Comique, joué en 1742; *les Vendanges de Tempé*; *l'Isle d'Anticyre*; *la Folie, Médecin de l'Esprit*, & *l'Astrologue de Village*, représentés en 1744.

Et que nous pourrions encore la grossir de beaucoup d'autres productions! telles que *la Cour de Marbre*, Divertissement en 1 Acte, fait pour les Petits Appartemens, en société avec M. *de la Garde*; *les Nouveaux Intermedes*, & les *Divertissemens de l'Inconnu*, exécutés à Fontainebleau; un *Prologue sur les Victoires du Roi*, & *les Comédiens en Flandres*, Comédie en en 3 Actes, &c. &c. &c.

M. Favart a certainement fait plus de 150 Drames, donnés tant sous son nom que sous des noms étrangers. Il a encore tenté heureusement d'autres genres, & ses essais dans la Poësie Héroïque lui ont fait remporter des prix aux Jeux Floraux en 1734. On sera peut-être bien aise de retrouver ici l'un de ces Poëmes, qui a pour titre, *la France délivrée par la Pucelle d'Orléans*, & qu'il fit âgé au plus de vingt ans.

LA FRANCE

LA FRANCE DÉLIVRÉE
PAR LA PUCELLE D'ORLÉANS.
POËME.

O Toi, qui par le bras d'une simple Bergere,
Confondis autrefois la Puissance étrangere,
Et d'un joug tyrannique affranchis nos Ayeux,
Grand Dieu, retrace-moi ces exploits glorieux;
Anime mes accens, rends ma voix assurée :
J'entreprends de chanter la France délivrée.

   Sur un prétexte injuste & de frivoles droits,
Henri vouloit monter au Trône de nos Rois :
Déjà, pour l'y placer, la superbe Angleterre
Sur nos tranquilles bords, avoit porté la guerre ;
Déjà l'Ambition, l'Envie & la Fureur,
Avoient fait de la France un Théâtre d'horreur;
Et ses propres Enfans, par des complots serviles,
Allumoient les flambeaux des discordes civiles.
Légitime héritier de ce tremblant Etat,
Charles se flatte en vain du succès d'un combat.
Son Peuple est révolté, ses Villes sont désertes,
Il compte les momens par de nouvelles pertes,
Et du Vainqueur altier prêt à subir la loi,
Il ne lui reste plus qu'un vain titre de Roi.

   Seigneur, daigne calmer ses mortelles allarmes;
Moins pour lui que pour nous, ses yeux versent
      des larmes,
Et ne connoissent plus le paisible sommeil.

POËME.

Les Cieux alloient s'ouvrir aux rayons du Soleil:
Dans un songe effrayant, une idée importune
Lui retraçoit encor toute son infortune.
Au milieu des débris de ses tristes remparts,
Où l'horreur des combats regnoit de toutes parts,
Sur un monceau de morts, à ses yeux se présente
De la France captive une image sanglante;
Par de cruelles mains son sein est déchiré;
Un Monstre furieux, de carnage altéré,
Sur elle tout à coup, d'un vol affreux s'élance.
» O! CHARLES, sauve-moi, viens prendre ma
     » défense;
» Je meurs... le Prince ému par ces tristes accens,
Fait pour la secourir des efforts impuissans;
Ses genoux affoiblis trahissent son courage;
L'Hydre vomit des feux, tourne sur lui sa rage.
Tout prêt à succomber, il t'implore, Seigneur:
Soudain, du sein des Cieux, ainsi qu'un feu vengeur,
Descend à son secours une Guerriere armée;
La Terre à cet aspect cesse d'être allarmée,
La France se ranime & voit tomber ses fers,
Et le Monstre frappé rentre au fond des Enfers.

CHARLES, à son réveil, l'ame encor inquiete,
Est longtems agité d'une terreur secrette.
» Ne suis-je point séduit par un songe flatteur?
» Vas-tu finir nos maux, dit-il, Dieu Protecteur?
» C'est à toi de changer les destins de la France.
» Nous n'espérons qu'en toi, hâte sa délivrance;
» Et si quelque victime a mérité tes coups,
» Ah! daigne sur moi seul épuiser ton courroux.
L'Eternel à l'instant exauce sa priere,
On annonce aussi-tôt une jeune Bergere:

POËME.

Le Monarque, à sa vûë, interdit & surpris,
Plein du songe étonnant qui frappe ses esprits,
En elle reconnoît cette même Héroïne,
Dont il vient d'éprouver l'assistance divine.
La Foi conduit ses pas ; une douce fierté
Se joint à son respect & soutient sa beauté ;
La naïve pudeur colore son visage ;
Dans ses yeux cependant éclate son courage.

» Prince, soyez, dit-elle, attentif à ma voix.
» A son gré, Dieu renverse & releve les Rois :
» Vos larmes l'ont fléchi, jamais le Ciel n'oublie
» Un Peuple qui l'invoque, un Roi qui s'humilie ;
» Enfin pour vous venger il a choisi mon bras,
» Ce bras timide encor & peu fait aux combats ;
» Mais j'adore en tremblant la volonté céleste,
» J'obéis : ses décrets ordonneront du reste.
» Je n'en sonderai point l'immense profondeur ;
» Dieu veut par ma foiblesse annoncer sa gran-
　　» deur.

» Vous, François, ranimez ce courage indomp-
　　» table,
» Qui doit rendre à jamais votre nom redoutable.
» Votre Ennemi s'approche ; armez-vous, suivez,
　　» moi ;
» Heureuse, si je meurs pour vous & pour mon
　　» Roi,
» En éloignant de vous l'éclat de la tempête !

Elle dit, elle part, elle marche à leur tête :
Une force inconnue entraîne tous les cœurs,
Et déjà nos Guerriers poussent des cris vainqueurs.

POEME.

Telle qu'une Lionne, au rivage Numide,
Exerce fa fureur fur un Troupeau timide ;
Telle notre Héroïne, au milieu des Soldats,
Porte dans tous les rangs l'horreur & le trépas ;
Du fang des Ennemis elle inonde la Terre ;
Le Ciel entre fes mains a remis fon Tonnerre ;
L'Ange exterminateur combat à fes côtés ;
Les Bataillons rompus tombent épouvantés,
Leurs Chefs font renverfés par un bras invifible :
Dieu les frappe lui-même ; ô vengeance terrible !
Tout s'allarme, tout fuit, tout céde fans effort ;
Il ne refte qu'un champ où triomphe la Mort.
Ainfi, touché des pleurs que verfoit Samarie,
Ce Dieu la délivra des Troupes de Syrie.

Bientôt facré dans Reims, CHARLES victorieux,
Jouit en sûreté du rang de fes Ayeux ;
On voit flotter par-tout l'Etendart de la France,
On voit avec les Lys refleurir l'abondance ;
La Difcorde eft aux fers, les Peuples font foumis,
La Patrie eft vengée ; il n'eft plus d'Ennemis :
Et l'Anglois, confondu dans fon projet funefte,
Ne remporte, en fuyant, que le courroux célefte.

CHAQUE volume de cette collection Dramatique eft orné d'une jolie Gravûre analogue à quelque Pièce du Tome. Les Portraits de M. & Madame *Favart*, deffinés par d'habiles Maîtres, & très-reffemblans, fe trouvent à la tête du premier & du cinquiéme Volumes.

F I N.

HYPOLITTE.

HIPPOLITE ET ARICIE,

PARODIE;

Représentée pour la premiere fois par les Comédiens Italiens Ordinaires du Roi, le 11 Octobre 1742.

NOUVELLE ÉDITION.

Le prix est de 24 sols avec la Musique.

A PARIS,

Chez N. B. DUCHESNE, Libraire, rue S. Jacques, au-dessous de la Fontaine S. Benoît, au Temple du Goût.

M. DCC. LIX.
Avec Approbation & Privilége du Roi.

ACTEURS.

THESÉE,	M. Rochard.
HIPPOLITE	Mde. Déhesse.
ARICIE,	Mlle. Sylvia.
PHEDRE,	Mlle. Sidonie.
ŒNONE,	Mlle. Agathe Sticotti.
PLUTON,	M. Sticotti.
MERCURE,	M. Carlin.
DIANE,	Mlle. Sidonie.
TISIPHONE,	M. Vincent.
LES PARQUES,	Mrs. Vincent, Joachin, Baletti.

DÉMONS.

MATELOTS.

CHASSEURS, CHASSERESSES.

BUCHERONS, BUCHERONNES.

HIPPOLITE
ET
ARICIE,
PARODIE.

Le Théâtre représente le Temple de DIANE.

SCENE PREMIERE.
ARICIE, *seule.*

Air : *Qui des deux pourrons-nous choisir ?*

L'Amour excite mon désir,
 Et je m'offre à Diane ;
Qui des deux pourrai-je choisir,
 Pour vivre avec plaisir ?

A ij

Cherchons la paix.
Non, le Monde prophane
　　N'a jamais
　Que faux attraits ;
Mais sans Amans,
Perdrai-je ici mon tems
　　Dans les ennuis ?
　　C'est encor pis.

Air : *Qu'on en dise ce qu'on voudra, tout ci, tout ça.*

Qu'on en dise ce qu'on voudra,
　　Tout ci, tout ça,
Que sur moi la critique morde,
Hippolite est fort à mon gré,
　　Poudré, tiré,
Chauffé comme un Danseur de corde ;
Qui n'aimeroit ce beau cadet,
　　Coquet,
　　Guinguet,
Qui sçait chanter si net.

Air : *Il m'est avis que l'on me fourre.*

Dans la retraite où je vivrai,
Toujours à lui je penserai :
Quoiqu'il soit sottement modeste,
Diane n'aura que son reste.

SCENE II.
HIPPOLITE, ARICIE.

HIPPOLITE.

Air : *A l'ombre de ce verd bocage.*

Vous immolez à la Déesse
Des jours si chers, si précieux !
On doit consacrer sa jeunesse
Au Dieu qui brille dans vos yeux.
Le cœur est fait pour la tendresse,
Il est oisif en ce séjour ;
Notre hyver est à la sagesse,
Notre printemps est à l'amour.

ARICIE.

Air : *Votre beauté soumet tout l'Univers.*

Quel intérêt y prenez-vous, Seigneur ?
Vous n'aimez rien ; les filles vous font peur.

HIPPOLITE.

Je rends les armes ;
J'ai pour vos charmes
   Une pitié
Qui passe l'amitié.

Air : *Viens dans ma cellule.*

Je veux ma poulete,
Dans votre retraite,
Pour prouver ceci,
Avec vous m'enfermer aussi.

ARICIE.

Air : A l'Amour rendons les armes.

Bon ! Monsieur, vous voulez rire.

HIPPOLITE.

Non, ma foi, c'est en honneur.
Tenez, tout vers vous m'attire.
    Je soupire ;
    C'est vous dire
Que je porte un tendre cœur.

ARICIE.

Mineur.

Que venez-vous de m'apprendre ?

HIPPOLITE.

Ah ! calmez votre courroux.
L'Amour ne peut vous surprendre ;
Je perds un espoir trop doux ;
Vous n'avez pas le cœur tendre.

ARICIE.

Abrégeons. Il est à vous.

HIPPOLITE.

Air : Ah ! qui vous a, qui vous a, qui vous a.

Je n'aurois pas cru cela
De la fierté d'Aricie.

ARICIE.

Bon ! but à but nous voilà ;
Trop de résistance ennuie.

ENSEMBLE.

Bannissons, bannissons, bannissons la,
Bannissons la cérémonie.

ARICIE.

Air de Couperin : Sœur Monique.

Je n'aurai, l'Ami,
    Aucun souci

PARODIE.
De tout ce que l'on fait ici :
  Je veux dans mon cœur,
    Malgré l'honneur,
Conserver toujours mon ardeur.
On me verra nuit & jour,
    En novice,
   Speculatrice,
Ne m'occuper que de l'amour.
  Je n'aurai, l'Ami, &c.

HIPPOLITE.
Air : *Pour voir un peu comment ça f'ra.*
  Chaste Diane, écoute-nous.
A notre amour sois favorable.

ARICIE.
Laissez Diane, y pensez-vous ?
Tout amant près d'elle est coupable.
    Cette Honesta
    Se vengera.

HIPPOLITE.
Voyons toujours comment ça f'ra.

DUO.
HIPPOLITE & ARICIE.
   Air : *Ah ! Thérese.*
   Ah ! Déesse,
   Ta sagesse
Devroit punir notre penchant.
   Tout m'accuse ;
   Mais excuse,
Nous nous aimons innocemment.

8 HIPPOLITE & ARICIE,
Tu vas jouer un rôle
Drole,
En servant
Les feux d'un galant.
Ah ! Déesse, &c.
(Danse des Prêtresses de Diane.)
HIPPOLITE.
AIR : *Je vous la gringole.*
Eh ! quoi ! sans se trémousser,
Tournoyer sans cesse,
Passer & repasser !
Ce Ballet me blesse,
Rangez-vous, laissez danser
La Grande Prêtresse.   (ON DANSE.)
ARICIE.
Air : *Sur le pont d'Avignon.*
Mais il est à propos que la Danse finisse,
La vieille Phedre vient, & sa jeune Nourrice.

SCENE III.

PHEDRE, ŒNONE, HIPPOLITE, ARICIE.

PHEDRE.

Menuet de l'Opera : *Agnés qu'auparavant.*

PAR des nœuds éternels,
Ma chere Aricie,
Vous allez être unie
Aux Immortels.

PARODIE.

Pouvez-vous faire mieux ?
Ah ! qu'il est glorieux
 D'aller, ma Mie,
De pair avec les Dieux !
ARICIE.
C'est trop d'honneur, hélas !
Je ne m'en flatte pas.
Qui ! moi, Divinité !
Je m'en tiens à l'humanité.
PHEDRE.
Air : *Comment donc, petite effrontée ?*
 Comment donc, petite volage,
Vous osez avoir de tels sentimens ?
  Je prétends
  Et j'entends
 Qu'avec Diane l'on s'engage.
 Dans ces lieux si charmans,
 On est à l'abri des Amans.
 Comment donc, petite volage,
Vous osez avoir de tels sentimens ?
ARICIE.
  Oh ! vraiment,
  Oh ! vraiment,
 On réfléchit à mon âge ;
  Oh ! vraiment,
  Oh ! vraiment,
  A présent
 Mon cœur se sent.
PHEDRE.
Un tel langage est nouveau !
Songez combien il est beau
 D'être sage.

ARICIE.

Que vient-elle nous conter ?
Ah ! je dois me contenter
De vous imiter.
Oh ! vraiment,
Oh ! vraiment,
On réfléchit à mon âge,
Oh ! vraiment,
Oh ! vraiment,
A présent
Mon cœur se sent.

PHEDRE, *à HIPPOLITE.*

Air : *La Bergere de nos hameaux.*

Vous voilà tout comme un nigaud ;
Vous souffrez qu'elle me raisonne ?
Réprimandez-la comme il faut.

HIPPOLITE.

Nous ne devons gêner personne.
C'est trop de rigueur ;
Et si son petit cœur
Prend goût pour le ménage,
On doit se reprocher
De vouloir l'empêcher
D'en faire un bon usage.

PHEDRE.

Air : *Pata, pata, pan, ter, tin, tin, tin.*

Ah ! je vous entends,
Taran, tantan, taran, tantan,

PARODIE.

Puisqu'à m'obstiner on s'applique,
  Qu'une musique
   Géométrique
 Taran, tantan, taran, tantan,
 Soutienne mes aigres accens,
Vengeons-nous, vengeons-nous.

ARICIE.
    Quelle mouche la pique ?

PHEDRE.
Par mes cris forcés, par mes éclats,
Je vais jetter ce temple à bas ;
Tremblez, tremblez, tremblez.

HIPPOLITE.
    Mais vous n'y pensez pas.

PHEDRE.
Tremblez, tremblez, tremblez.

ARICIE.
    A quoi bon ce fracas ?

HIPPOLITE.
Ma foi, sa colere est comique.

PHEDRE.
Par mes cris forcés & redoublés,
Déjà ces murs sont ébranlés :
Tremblez, tremblez, tremblez.

  (Hippolite & Aricie rentrent.)

SCENE IV.
PHEDRE, ŒNONE.

PHEDRE.

Air : Ah ! morbleu, sambleu, Marion.

ENFIN, j'ai découvert leur feu,
Hippolite fuit ma rivale.
Sambleu !
Venez dépit, rage infernale,
Morbleu !

ŒNONE.

Air : Ce qui n'est qu'une enflure.

Comment, Monsieur, votre époux
Prend-il la chose ?

PHEDRE.
Pourquoi n'est-il pas chez nous ?
De tout il est cause.   (bis.)

Air : Y a bien d'la différence.

Thesée est chez les Diables,
Arcas te le dira.

ŒNONE.
Ah ! ah !

PHEDRE.
Dans ces lieux effroyables
Sans doute il restera.

PARODIE.

ŒNONE.

Ah ! ah !
N'y a pas grand mal à ça.

Air : *Nous autres bons Villageois.*

Par cette nouvelle-là
Votre flâme est autorisée.

PHEDRE.

Nourrice, comment cela ?
Hippolite est fils de Thesée.

ŒNONE.

Bon ! qui vous en assurera ?
Le doute vous excusera :
Qui sçait d'où je venons tretous,
A votre penchant livrez-vous.

Air : *J'en f'rai la folie, ma mie.*

Pour avoir la préférence,
Offrez la couronne :
A votre âge l'on finance.

PHEDRE.

C'est bien dit, ma bonne :
Mais s'il ne m'aime, après cela,
On verra....tout ce qu'on verra.

Air : *Belle Brune.*

Ah ! Nourrice,   (bis.)
Si ce Gas
Ne m'aime pas,
Je mourrai de la jaunisse.

(Elles rentrent.)

SCENE V.

Le Théâtre représente les Enfers.

THESÉE, TISIPHONE.

THESÉE.

Air : *Diablezot.*

Eh ! quoi, ne puis-je vous quitter ?
Laissez-moi respirer, Madame.

TISIPHONE.

Non, ne pense pas éviter
L'ombre de ta premiere femme ;
Je veux toujours te tourmenter,
C'est moi qui double Tisiphone.

THESÉE.

Tu m'as tant tourmenté la haut.

TISIPHONE.

Crois-tu qu'ici je sois moins bonne ?
Diablezot.

THESÉE.

Air : *Iris est plus brillante.*

Que ton aspect me fâche ?

PARODIE.

TISIPHONE.

Apprends qu'ici ma tâche
Est d'aller fans relâche
Boureler les Maris.
Pleure, lamente, prie,
Crie,
Il faut qu'une furie,
Rie,
Du trouble des Esprits;
Tes tourmens font mes plaifirs chéris.

Menuet de Cupis.

THESÉE.	TISIPHONE.
Quoi! jamais,	Jamais
N'aurai-je de paix?	De paix.
Démon,	
Eloigne-toi donc.	Non.
Dans ces lieux de douleur	
Toi feul tu combles l'horreur	
De mon malheur.	Que ma fureur
Ta fureur	Trouble ton cœur;
En a trop joui;	
Ton cœur	Oui.
En eft réjoui :	
Aucun Diable à mes yeux	
N'eft plus odieux.	Tant mieux.
Faut-il qu'un héros fubiffe	
Le plus rigoureux fupplice !	
Qu'il frémiffe,	
Qu'il gémiffe,	Aux Enfers tu vas fouffrir;
Pour ton unique plaifir !	Languir,
C'eft affez me faire fouffrir;	Et la mort
Ah ! du moins que la mort	Ne peut finir
Termine mon fort.	Ton trifte fort.
Quoi! jamais, &c.	Jamais, &c.

THESÉE.

Air : *Que je suis à plaindre en cette débauche !*
Rien ne peut-il donc fléchir ton ame ?

TISIPHONE.

Mon devoir est de t'affliger.
Je ne serois pas l'ombre de ta femme,
Si je ne te faisois enrager.

SCENE VI.

L'Enfer s'ouvre; on voit Pluton sur son Trône, les Parques à ses pieds.

PLUTON, THESÉE, TISIPHONE, LES PARQUES.

THESÉE.

Air : *Quand on parle de Lucifer.*

Salut à Monsieur Lucifer,
Souverain du sombre Empire.
(à part.) Avec sa grand' fourche de fer,
Sa gravité me fait rire.
(haut.) Je suis fatigué d'être dans l'Enfer,
Permettez que je me retire.

Air : *Des Pendus.*
Seigneur, je suis de qualité,
De Neptune l'Enfant gâté;
Ainsi je suis de la famille.

PLUTON.

PARODIE.
PLUTON.
Oh ! bien, je veux que l'on t'étrille,
En faveur de la parenté;
Tu ne l'as que trop mérité.

Air : *Vous voulez me faire chanter.*

Vous veniez, Monsieur mon Neveu,
Pour me ravir ma femme.
THESÉE.
C'étoit pour mon ami.
PLUTON.
     Morbleu !
L'action est infâme.
THESEE.
Pirithoüs vouloit l'avoir,
J'aidois à l'entreprise.
Vous ne devez pas m'en vouloir,
L'usage m'autorise.

PLUTON.

Air : *Il faut suivre la mode.*

On est chez moi fort mal venu,
En suivant pareille maxime.
THESEE.
De rendre le Diable cornu,
Ah ! voyez, c'est faire un grand crime !
PLUTON.
Tu veux de ton oncle Pluton
Faire donc un mari commode ?
Est-ce le fait d'un Dieu Démon
De se mettre à la mode ?

        B

Air : *L'autre jour j'apperçus en songe.*
Pirithoüs est la victime
De son amour mal-entendu.
Le même traitement t'est dû.

THESÉE.
Air : *Paroles de l'Opera.*
Ah ! si son amour est un crime,
L'amitié qui pour lui m'anime
N'est-elle pas une vertu ?

PLUTON.
Air : *Ah ! Robin, tais-toi.*
L'antithèse est pitoyable.

THESÉE.
Je suis un héros de bien.

PLUTON.
Quand on est l'appui d'un vaurien,
On est comme lui coupable.

THESÉE.
Ah ! dis-moi pourquoi ?

PLUTON.
Sur le ton du Vers précédent.
Ah ! morbleu, tais-toi,
Tu voudrois, je le croi,
Crier comme un Diable,
Et plus haut que moi.

(*Thesée rentre.*)

Air : *Avez-vous vû ce héros.*
Assemblons le Tribunal
Infernal ;
J'ai des Juges de mérite,
Des Procureurs, des Huissiers,
Des Greffiers,
Et des Avocats d'élite.

SCENE VII.

PLUTON, LES PARQUES, TROUPE DE DIABLES, *en robes de Palais, avec des cornes.*

PLUTON.

Air : *Que devant vous tout s'abbaisse.*

OR écoutez, honorable assistance,
Deux insolens sont venus ici bas,
Pour me traiter comme un Mari de France ;
Jugez le fait ; vous étiez dans le cas.
  Que l'on opine :
  A Proserpine :
  On fait affront,
Aussi-bien qu'à mon front.
CHŒUR DE DÉMONS.
 Air : *Que le mal de dents.*
Que le Phlegeton,
Le Styx, le Tenare,
Que tout se prépare
A venger le front
De Monsieur Pluton ;
Qu'en stile barbare,
L'on dresse un Factum :
L'honneur se répare,
Quand on y déclare
L'affront tout au long.

B ij

SCENE VIII.

PLUTON, TROUPE DE DÉMONS, LES PARQUES, THESÉE, TISIPHONE.

THESÉE.

Air : *C'est ce qui nous enrhume.*

VAINEMENT j'appelle Pirithoüs,
Ah ! mes cris aigus
Ne font plus entendus,
Et ma voix se consume :
J'ai fait des efforts qui font superflus,
Et ! c'est ce qui m'enrhume.

PLUTON.

Air : *Amis, sans regretter Paris.*

Il n'est qu'un moyen pour le voir,
C'est de perdre la vie,
Et ces trois Sœurs ont le pouvoir
De remplir ton envie.

LES PARQUES.

Air : *Nous sommes trois fous, Mesdames.* Canon

Nous sommes trois Sœurs fileuses,
Nous filons tes jours.

PARODIE.
THESÉE.

Air : *Vous qui voyez les Dames, blandè loquimini.*

Sans un ami si rare,
De vivre je suis las.
Tuez-moi donc, barbare,
Je ne m'en plaindrai pas.

LES PARQUES.

Nous ne pouvons, hélas !
Te donner le trépas ;
Le Destin ici bas
Arrête notre bras.

THESÉE.

Air : *Un jour le malheureux Lisandre.*

Oh ! toi qui regne sur les soles,
Neptune, entends ma triste voix :
Tu m'as promis que par trois fois
Tu remplirois mes vœux frivoles.
Tu juras fort imprudemment,
J'en ai profité sottement ;
Mais ici tu m'es nécessaire :
Le Styx a reçu ton serment.
Tire-moi d'ici, mon cher Pere,
Et ne vas pas être Normand.

CHŒUR.

Air : *Refrain.*

T'as l'pied dans le margouilli,
Tire-t'en, tire-t'en, tire-t'entaine ;
T'as l'pied dans le margouilli,
Nul ne peut sortir d'ici.

SCENE IX.

Les Acteurs précédens, MERCURE.

MERCURE.

Air : *Oh ! rendez-moi ma fille.*

OH ! rendez-moi Thesée,
Que de bi, que de bariolet,
Oh ! rendez-moi Thesée,
Au nom du chardon'ret ?

PLUTON.

Air : *Elle est dans cette tour augé, augé.*

Il est en mon pouvoir,
    Augé, augé,
Il est en mon pouvoir,
On ne peut le r'avoir.

Air : *Un jour le bon pere Abraham.*

Il vouloit comme un suborneur
    M'enlever Proserpine,
Et de plus, c'est un franc voleur,
    Il a pillé Racine :
Dans les Enfers il doit rester,
Pour n'avoir pas sçu profiter
    D'une telle rapine.

MERCURE.

Air : *Nous autres bons Villageois.*

Il n'a pas cru faire mal,
Ayez pour lui quelqu'indulgence,
S'il servoit votre rival,

PARODIE.

Hélas ! c'étoit par innocence.
Qu'il sorte de votre manoir ;
Car Neptune veut le ravoir.
Ne devons-nous pas, entre nous,
Excuser les sots & les foux ?

PLUTON.
Air : Les gourdins.

Qu'il sorte donc de ces lieux,
Mais il n'en sera pas mieux.
Parques, je vous en conjure,
Avant qu'il suive Mercure,
Dites sa bonne aventure.

THESÉE.

Lure, lure, lure, lure.

LES PARQUES.

Allons, donnez-nous votre main,
Guerelin, guin, guin, guerelin, guin, guin.
Air : Gros nez, gros nez. Canon.

Frémis d'effroi,
Où cours-tu, malheureux Roi ?
Tu vas retrouver les Enfers chez toi.

(*Pluton & sa suite rentrent.*)

THESÉE, à TISIPHONE.
Air : Perrette étant dessus l'herbette.

Ah ! quelle horreur glace mon ame !
Expliquez-moi cela, Madame ;
Les Enfers chez moi !

TISIPHONE.

Oui, chez toi.
Tu vas revoir ton autre femme,
Encor plus Diablesse que moi.

(*Elle rentre.*)

(*Thesée suit Mercure.*)

SCENE X.

Le Théâtre repréfente le Palais de Theſée; on voit la Mer dans l'enfoncement.

PHEDRE, ŒNONE.

PHEDRE.

Air : *A ſa voiſine.*

Galante mere des Amours,
En moi ton feu pétille.
Combien as-tu joué de tours
A ma tendre famille !
Chez nous ton goût paſſa toujours
De mere en fille.

Air : *Ah ! mon mal ne vient que d'aimer.*

Fais qu'Hippolite m'aime bien,
Et je ne te blâme de rien.
C'eſt toi qui formas mon lien,
Dans le fond j'en ai honte :
Mais hélas ! mon crime eſt le tien,
Je mets tout ſur ton compte.

SCENE XI.

HIPPOLITE, PHEDRE, ŒNONE.

ŒNONE, à PHEDRE.

Air : *Le tout par nature.*

JE vois venir votre amant.

HIPPOLITE.

Madame, quel accident !
Mon pere n'eſt plus vivant.
Je viens en diligence
Vous faire mon compliment
De condoléance.

Air : *Ma Nanon, ne pleurez pas.*
On dit qu'il eſt aux Enfers.

PHEDRE.
Oui, ce n'eſt plus un myſtere.
HIPPOLITE.
C'eſt un bon Papa que je perds :
Sa mort auſſi vous déſeſpere.
PHEDRE.
Le bon homme avoit fait ſon tems,
Ne parlons plus que des vivans.   (*bis.*)

Air : *De l'Amour tout ſubit les loix.* Du Ballet
des Sens.

C'eſt trop feindre,
Connois mon ſort ;

Qu'ai-je à craindre ?
Ton pere est mort.
Il n'est gueres
De belles meres
Dont les beaux fils
Ne soient hais ;
Mais je donne
Dans l'autre excès ;
Je suis bonne,
Et tu me plais :
Ma couronne,
Et ma personne,
Tout est à toi,
  Mon Roi.
HIPPOLITE.
Air : *Si le Roi m'avoit donné.*
Croyez-vous que de ces biens,
  Moi, je me soucie ?
Je suis content, si j'obtiens
  Ma chere Aricie :
Je l'aime avec loyauté ;
Gardez votre royauté.
  Laissez-moi ma Mie,
    O gué,
  Laissez-moi ma Mie.

PHEDRE.
Air : *Du cotillon couleur de rose. Non, je ne veux pas badiner.*

Aucun espoir ne m'est permis,
On me préfere ma rivale.
HIPPOLITE.
Votre rivale ! je frémis.

PARODIE.

PHEDRE.
Pour toi ma flâme est sans égale.
Mon cher enfant, sois de moitié.
HIPPOLITE.
Vous allez causer du scandale.
PHEDRE.
Tu ne sens pas quelque amitié ?
HIPPOLITE.
Je ne sens que de la pitié.

PHEDRE.
Air : *Je vois venir ma mere, arrêtez-vous donc.*
Il me raille encore en face !
Rends-toi, mon petit mignon.
HIPPOLITE.
Songez-vous qu'en cette place
Quelqu'un peut vous voir.
PHEDRE.
Bon ! bon !
Je n'entends point du tout raison.
HIPPOLITE.
Eh ! fi donc, Madame, on va vous surprendre ;
Arrêtez-vous donc.
PHEDRE.
Air : *M. le Prevôt des Marchands.*
Puisque tu ne peux me souffrir,
Barbare, fais-moi donc mourir ;
Rends-toi digne fils de ton pere ;
Des monstres il fut la terreur.
Un seul échappe à sa colere ;
Frappe, ce monstre est dans mon cœur.

Air : *Tourne, tourne, tourne, c'est ton payement.*

Tu me hais autant que je t'aime,
Tire sur moi ton coutelas.
Cruel, si tu ne l'oses pas,
J'en prendrai la peine moi même.
Tire, tire, ou bien mon bras plus subtil....
(*Elle lui arrache son épée.*)
HIPPOLITE, *la reprenant.*
Arrêtez-donc, il a le fil

SCENE XII.

THESÉE, PHEDRE, HIPPOLITE, ŒNONE.

THESÉE.

Air : *Ah ! j'ai tout vû.*

AH ! j'ai tout vû,
J'en suis bien convaincu,
Qui l'eût dit ? Qui l'eût cru ?
M'y serois-je attendu ?
ŒNONE.
Dieux ! c'est le Roi !
PHEDRE
C'est mon époux !
HIPPOLITE.
Mon pere !

PARODIE.

PHEDRE, *bas à Œnone.*

Que faire ?
Ma chere,
Hélas ! tout est perdu.

ŒNONE.

O retour imprévû !

THESÉE.

Quel désarroi !
(*A Phedre.*)
Madame, expliquez-moi
Le tracas que je voi.

PHEDRE, *à Thesée.*

N'approchez point ; l'Amour est outragé ;
Que l'Amour soit vengé.
De vous je prends congé.
(*Elle rentre.*)

THESÉE, *à Hippolite.*

Toi, mon fils,
Approche & m'éclaircis.

HIPPOLITE.

Ah ! Seigneur .... justes Dieux !

THESÉE.

Il ne répond pas mieux.

HIPPOLITE.

Je vous fais aussi mes adieux.
(*Il rentre.*)

SCENE XIII.
THESÉE, ŒNONE.

THESÉE.
Suite de l'air.

PHEDRE me fuit,
Hippolite la suit.
Me voilà bien instruit !
Vous,
Dites-nous,
Qui mérite mes coups ?
Je prétends tout sçavoir.

ŒNONE.

Jusqu'au revoir,
Bon soir.
(*Œnone veut rentrer ; Théfée l'arrête.*)

THESÉE.

Air : *Sont les garçons du port au bled.*

Restez, restez, par la sangol !
Se raille-t-on ici de moi ?
Je veux sçavoir toute l'histoire.

ŒNONE, *à part.*
De la Reine sauvons la gloire.

PARODIE.

Air : Le Roi dit à la Reine.

Votre fils & la Reine,
La Reine & votre fils....
THESÉE.
Dieux ! je suis à la gêne.
Ah ! par pitié finis.

Air : L'occasion fait le larron.

La Reine enfin .... ce fer armé contre elle...
THESÉE.
Que veux-tu dire avec ton fer armé ?
Quel accident a brouillé leur cervelle ?
Ne puis-je mieux être informé ?
ŒNONE.
Air : Tu tueras ton pere & ta mere.
Sçachez donc qu'un amour funeste...
THESÉE.
Ah ! j'entends ; épargne le reste.

(*Œnone rentre.*)

SCENE XIV.
THESÉE, *seul.*

Suite de l'Air.

Qu'ai-je appris ! j'ai le cœur navré
Je céde à toute ma colere ;
Méchant enfant dénaturé,
Vous voulez honnir votre pere !

Air : *Je suis gaillard, & j'ai bon estomach.*

Hélas ! le Diable me l'avoit bien dit :
Grand Dieu des mers, sers mon dépit,
  Contre un enfant maudit.
 Tu dois, étant son grand-pere,
 Corriger ce téméraire.
  Montre lui son tort.
   Tout d'abord,
 Fais-lui subir la mort,
 Sans forme de procès,
 Pour prix de ses forfaits ;
Et nous nous instruirons après
Tout à loisir des faits.

(*Ritournelle pour le frémissement des flots.*)

Air : *Les Trembleurs.*

De courroux l'onde s'agite,
Tu vas périr, Hippolite :
N'ai-je pas été trop vîte ?
Je suis un nigaud trois fois ;
Mais ma sotise derniere
L'emporte sur la premiere :
Et Neptune, à ma priere,
En un jour en a fait trois.

SCENE

PARODIE.

SCENE XV.
THESÉE, MATELOTS, MATELOTTES.
THESÉE.

Air : *Allons donc, jouez, violons.*

D'Où naît cet autre tintamare ?
Des Matelots, sans dire gare,
Viennent exercer leurs jarets.
Allez danser sur le rivage.
UNE MATELOTTE.
Non, Sire, il y fait trop d'orage.
THESÉE.
Ils sont faits comme des barbets,
Ils vont crotter tout mon Palais.
On prend bien son tems pour des danses !
Supprimez ces extravagances.
UNE MATELOTE.
Ah ! Sire, faites grace aux airs ;
Retranchez plutôt tous les vers.

Air : *Catherinette assise sur le bord de la Mer.*
    On vient ici se rendre
    Pour vous complimenter :
    Daignez du moins entendre
    Vos Matelots chanter :
CHŒUR.
La, la, mi, fa, fa, fa, fa, re ; la, mi, fa, la,
sol, fa, mi, re, ut.

C

HIPPOLITE & ARICIE,

THESÉE.

Air : *Non, non, je ne veux pas rire.*

Morbleu, faquins, vous tairez-vous ?
Tous mes sujets sont-ils donc foux ?
Allons, qu'on se retire.
Non, non, je ne veux pas rire,
Non, non, je ne veux pas rire, moi,
Non, non, je ne veux pas rire.

(*Ils rentrent tous.*)

SCENE XVI.

Le Théâtre représente une Forêt.

HIPPOLITE, *seul*.

Air : De l'Opera.

AH ! faut-il en un jour perdre tout ce que j'aime ?
Air : *Le fameux Diogene.*
Mon pere avec menace,
De ses Etats me chasse
Assez mal à propos :
Moi, si plein d'innocence,
Je n'ai, pour ma défense,
Osé dire deux mots.
Ah ! faut-il, &c.
Air : *Je ne regrette point la Ville.*
Je ne regrette point la Ville,

PARODIE.

Ni les Bourgeois qui sont dedans,
    Ma lirette,
Ni les Bourgeois qui sont dedans.
    Même Air.
Je ne regrette qu'une fille,
Qui m'auroit fait passer le tems,
    Ma lirette,
Qui m'auroit fait passer le tems.
Ah! faut-il, &c.
    Air : *Qu'importe, qu'importe ?*
C'est elle-même que je vois;
Seule elle me cherche en ce bois !
La bienséance y perd ses droits,
    Qu'importe,
    Qu'importe ?
L'Opera traita mille fois
    La vertu de la sorte.

SCENE XVII.
HIPPOLITE, ARICIE.

ARICIE.

Air : *Le bonheur de ma vie n'a duré qu'un moment.*

TU quittes donc ces lieux ?
HIPPOLITE.
C'est contre mon envie.
ARICIE.
Sans faire tes adieux.

HIPPOLITE & ARICIE;

A la tendre Aricie.

HIPPOLITE.

Souvent l'honneur s'oublie,
J'ai craint....

ARICIE.

Que craignois-tu ?

HIPPOLITE.

Vous êtes trop jolie ;
J'ai craint pour ma vertu.

Air : *J'ai un coquin de frere.*

Il faut que je te quitte.

ARICIE.

Mais, pourquoi donc cela ?

Ensemble. { A...a...adieu donc, Hippolite
HIPPOLITE.
A...a...adieu donc, ma petite.

ARICIE.

Ah ! ah ! ah ! quel galant j'ai là !

Air : *Marguerite, ma Mie, olire, olire.*

Quoi ! partir comme un sot ! (bis.)
Sans faire à ta maitresse
Politesse,
Sans dire à ta maitresse
Un petit mot.

HIPPOLITE.

Air : *On y va deux, on revient trois.*
Hé ! bien ! faisons une chose,
Suivez moi.

PARODIE.

ARICIE.

Que dis-tu là ?

HIPPOLITE.

L'himen recouvrira cela.

ARICIE.

Tenez... je n'ose.
Je le voudrois bien ; mais oui-dà !
Le monde glose.

HIPPOLITE.

Air : *Allons donc, Mademoiselle.*

Allons donc, Mademoiselle,
  Vous n'avez point de raison.
  Quand l'occasion est belle,
  Vous feignez hors de saison.
Allons donc, Mademoiselle,
  Vous n'avez point de raison.

Air : *Comme deux sçeaux dans un puits.*

Reçois ma foi.

ARICIE.

Reçois aussi la mienne.

ENSEMBLE.

Je suis à toi ;
Quel heureux jour pour moi !

HIPPOLITE.

Nous n'avons pas langui longtems ;
Tout d'un coup nous voilà contens ;
Pourvû que cela tienne.

C iij

HIPPOLITE & ARICIE.

Dans mes amours,
Je vais droit à la fin.
ARICIE.
Pour moi je fais toujours
La moitié du chemin.
HIPPOLITE.

Air : *Partez pour le Potoſi*.

Mais ! j'entends donner du cor !
ARICIE.
Bon ! c'eſt quelque Fête encor.
Reſtons.
HIPPOLITE.
Pourquoi s'amuſer ?
Du tems on peut mieux uſer.
ARICIE.
Non, j'aime à voir ces Ballets
Où l'on ne s'attend jamais.

SCENE XVIII.
HIPPOLITE, ARICIE, CHASSEURS.

DIVERTISSEMENT.

AIR.

A La chaſſe, à la chaſſe, à la chaſ-ſe.

PARODIE. 39

Jeunes Beau- tez, armez-vous d'au- dace.

Si vous craignez d'amoureux tourmens, Chaſ-

ſez, relancez les A- mans; Mais ſon-

gez moins à prendre Qu'à vous défen-

dre. A la chaſſe d'Amour,

On eſt pris à ſon tour.

Autre Air.

DI- ane avec ſes armes A man- que cent

C iv

HIPPOLITE & ARICIE,

fois Les plus beaux exploits; L'Amour avec ses

charmes Est un adroit chasseur Qui va droit au

FIN.

cœur. Il aime à causer des al- larmes, Il

se tient aux a- guets; Dans nos forêts Il

tend ses rêts; Ja- mais On n'é- vi-te ses

traits. Di- ane avec ses armes A man-

qué cent fois Les plus beaux exploits; L'Amour a-

PARODIE.

vec ses charmes Est un adroit chasseur Qui

va droit au cœur. Ain-si qu'un Cerf aux a-

bois, En vain on verse des larmes; On suc-

combe, on perd la voix. Diane &c.

(*Après la danse on entend un bruit de tempête.*)

ARICIE.

Air : *Aperlua bona.*

Oh ! oh ! oh !

HIPPOLITE.

Ah ! ah ! ah !

CHŒUR.

D'où vient ce fracas ?
Quels affreux éclats ?
Par un cas nouveau,

HIPPOLITE & ARICIE,

Le feu fort de l'eau ;
Un Monstre vient à nous ;
Sauvons, sauvons-nous tous. (*bis.*)

HIPPOLITE.

Air : *Les filles de Montpellier.*

Comment ! tous ces gens ont peur,
Malgré leur vaillante audace !
Moi seul j'en aurai l'honneur ;
Tirons mon couteau de chasse ;
Ayè, aye, aye.

Air : *Refrain.*

Quand on en a, s'en faut servir.
Dérouillons, dérouillons, notre lame....

(*Il va combattre le Monstre. Un nuage couvre Hippolite.*)

Air : *O pierre, ô pierre !*

Je suis toute interdite.
Où cours tu donc ? Revien.
Quel feu couvre Hippolite !
Mais je ne vois plus rien.
La bête maudite
M'a ravi tout mon bien.

SCENE XIX.
ARICIE.

Air : *Que je regrette mon Amant !*

QUE je regrette mon Amant !
Quel affreux revers pour ma flâme !

PARODIE. 43

Hélas ! dans un petit moment
J'eusse été tout à fait sa femme.
D'un sort heureux j'allois jouir ;
C'est assez pour m'évanouir.

Air : *Il vous faudroit un biscuit.*

(*Tirant son flacon.*)
Respirons cette liqueur,
Pour me, pour me, pour me remettre....
(*Appercevant Hippolite.*)
Mais, que vois-je ? Quel bonheur !
Ce n'est qu'une fausse peur.

SCENE XX.
HIPPOLITE, ARICIE.

DUO. Air : *Ah ! Barnaba.*

HIPPOL. { AH ! me voilà,
ARICIE. { Ah ! te voilà,
En dépit de la bête !
HIPPOL. { Ah ! me voilà,
ARICIE. { Ah ! te voilà,
Je ne sçais comment cela.
Que l'on apprête
Pour nous une autre fête
Qui soit sans tempête,
Et restons-en là.
Ah ! &c.

HIPPOLITE & ARICIE;

ARICIE.

Air : *Ah ! que le Fauxbourg S. Jacques.*

Ah ! mon ami, je te jure,
Que je te croyois croqué.
Hélas ! par quelle aventure
Le Monstre t'a-t-il manqué !

HIPPOLITE.

Tu n'en peux bien être instruite.
A cela les Dieux ont part.
Moi, j'ai toujours pris la fuite
A la faveur d'un brouillard.

SCENE XXI. & derniere.

DIANE, HIPPOLITE, ARICIE.

ARICIE.

Air : *Aimez, belle Pastourelle.*

O Chose surnaturelle,
La Lune tombe des Cieux !

HIPPOLITE.

A l'aide d'une ficelle,
Elle descend en ces lieux.

ARICIE.

Pourquoi donc ici la Lune ?

HIPPOLITE.

C'est la voiture commune
De Diane à l'Opera.

PARODIE.
ARICIE.
Comment peut-on sans désastre,
Ainsi déplacer un Astre ?
Quelle sottise est-ce là !

DIANE.

Air : *L'occasion fait le Larron.*

Je viens aider à votre mariage.
ARICIE.
Auriez-vous dû prendre cet emploi-là ?
DIANE.
Comme Croissant, je préside au ménage ;
Et comme Lune à l'Opera.

Air : *Si ma Philis vient en vendange.*

D'avoir causé tant de ravages,
Phedre & Thesée enfin sont las.
On leur a fait jouer de si sots personnages,
Qu'au dénouement ils ne s'exposent pas.

Air : *Toujours va qui danse.*

A Hip. Diane a pris tes intérêts,
J'ai fait dédire Neptune :
Je te fais Roi de ces Forêts.
HIPPOLITE & ARICIE.
Pour nous, quelle fortune !
DIANE.
Qu'on vienne à ce nouveau Roi-là
Rendre hommage en cadence.
TOUS.
La, la, la, la, la la, la.
Toujours va qui danse.

HIPPOLITE & ARICIE,

DIVERTISSEMENT.
VAUDEVILLE.
Premier Couplet.

Heureux qui flatte votre goût! On tâche

de le suivre en tout; Mais souvent on s'abu-

se. Quand on ne fait pas ce qu'on veut, Mes-

sieurs, on fait ce que l'on peut; C'est

une ex- cu- se.

PARODIE.
II.
Comment donc! qu'ai-je appris? vraiment?
De remplir les vœux d'un Amant,
 Ma fille, on vous accuse.
La fille répond, d'un ton doux,
Maman, je fais tout comme vous;
 C'est une excuse.

III.
De chérir ces muguets coquets,
Qui portent de petits colets,
 A tort on nous accuse:
On reçoit les gens à rabats,
Quand les guerriers sont aux combats ;
 C'est une excuse.

IV.
Quoique Lisette m'aime bien,
Mes rivaux ont tout, & moi rien ;
 Voyez un peu la ruse !
Avec eux c'est pour s'amuser,
Avec moi c'est pour épouser ;
 C'est une excuse.

V.
On doit toujours fuir un Amant.
Il ne faut pas, me dit Maman,
 Qu'à l'entendre on s'amuse.
Je fuyois Colin : mais hélas !
En fuyant je fis un faux pas ;
 C'est une excuse.

VI.
Auteurs, Acteurs timpanisés,
Ne soyez point scandalisés
 Des jeux de notre Muse.

HIPPOLITE & ARICIE.

Vous ne seriez pas critiqués,
Si vos talens n'étoient marqués;
C'est notre excuse.

VII.

Cette Piéce a beaucoup d'endroits
Qui peuvent vous paroître froids,
Messieurs, on s'en accuse :
Mais nous avons bâti cela
Sur des paroles d'Opera;
C'est une excuse.

BRANLE.

PREMIER COUPLET.

TOus nos ten- drons sont aux a- bois; V'la c'que

c'est qu'd'aller aux bois. Nos Buche- rons sont

gens a- droits; Quand on va seu- lette Cueil-
lir

PARODIE.

lir la noi-fette. Ja-mais l'Amour ne perd ſes

droits. V'là c'que c'eſt qu'd'al-ler aux bois.

II.

Jamais l'Amour ne perd ſes droits,
V'là, &c.
Un jour ce petit Dieu fournois
    Dormoit à l'ombrage,
    Sous un verd feuillage;
Dorine approche en tapinois.
V'là, &c.

III.

Dorine approche en tapinois,
V'là, &c.
Elle dérobe ſon carquois,
    En tire une fleche,
    Propre à faire bréche,
Dont elle ſe bleſſa, je crois.
V'là, &c.

IV.

Dont elle ſe bleſſa, je crois,
V'là, &c.
Depuis ce tems, je l'apperçois

D

Qui pleure, qui rêve,
Morguene, elle endêve ;
L'imprudente s'en mord les doigts.
V'là, &c.

V.

Sa Sœur Colette une autrefois
V'là, &c.
Craignant qu'un loup dans ces endroits
Ne vint la surprendre,
Pour mieux la défendre,
Prit pour guide un jeune grivois.
V'là, &c.

VI.

Prit pour guide un jeune grivois,
V'là, &c.
Mais l'Amour, sûr de ses exploits,
Est de la partie,
Sans qu'on s'en défie ;
On croit être deux, on est trois.
V'là, &c.

VII.

Lise craignoit de faire un choix,
V'là, &c.
Sa vache s'égare une fois.
La pauvre fillette,
Suivant la clochette,
Dans un taillis trouve un Matois.
V'là, &c.

PARODIE.
VIII.

Dans un taillis trouve un Matois,
V'là, &c.
Dont il lui faut subir les loix :
　　La jeune Bergere,
　　Appelle sa mere,
Qui ne peut entendre sa voix.
V'là ç'que c'est qu'd'aller aux bois.

ARIETTE
CHANTÉE PAR Mlle VICTOIRE.

A la reprise de cette Parodie en 1757, Mlle. VICTOIRE chantoit cette Ariette à la Scene IV. après le Couplet : Enfin j'ai découvert leur feu.

Dans mon cœur s'é-leve un o-rage, un o-ra-ge.

Dans mon cœur, s'é-leve un o-

52 HIPPOLITE & ARICIE,

PARODIE.

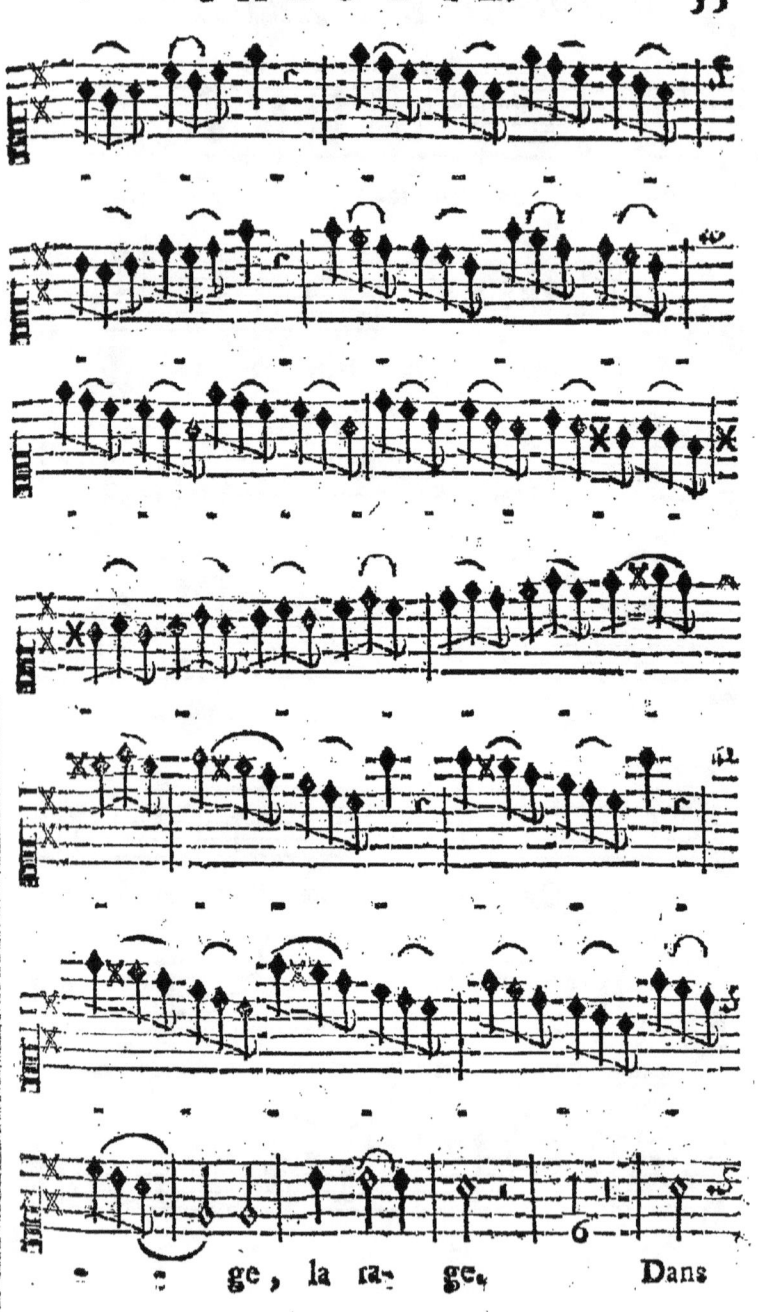

ge, la ra- ge, Dans

PARODIE.

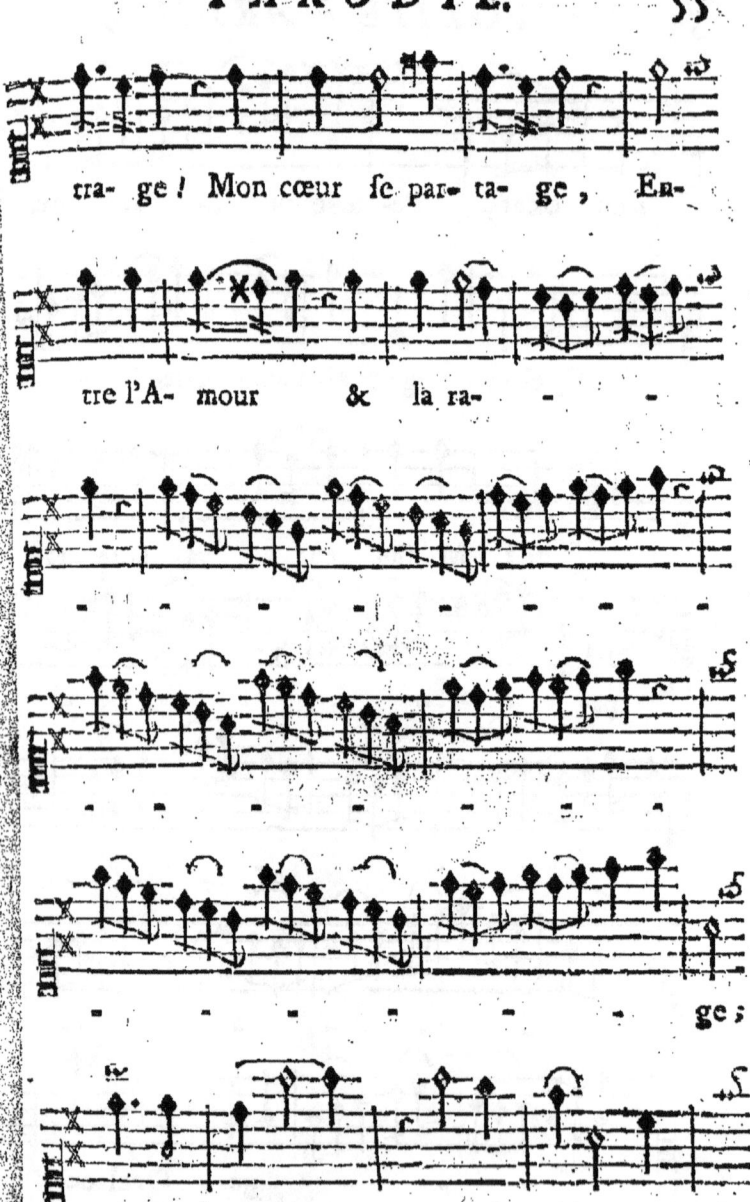

rage! Mon cœur se partage, Entre l'Amour & la rage ;

& la rage

56 HIPPOLITE & ARICIE.

- - - - ge ; & la ra-

ge, & la ra- ge.

FIN.

Le Privilége & l'Enregistrement se trouvent aux Œuvres de l'Auteur.

LES AMANTS INQUIETS,

PARODIE DE THÉTIS ET PELÉE;

Repréſentée pour la premiere fois par les Comédiens Italiens Ordinaires du Roi, le Mardi 9 Mars 1751.

TROISIÉME ÉDITION.

Le prix eſt de 30 ſols avec la Muſique.

A PARIS,
Chez N. B. DUCHESNE, Libraire, rue S. Jacques, au-deſſous de la Fontaine S. Benoît, au Temple du Goût.

M. DCC. LX.
Avec Approbation & Privilége du Roi.

ACTEURS.

TONTON, *Bateliere*,   Me. Deheſſe.
COLIN, *Berger*,   Mlle. Aſtraudi.
LA DUNE, *Entrepreneur des Coches d'Eau*,   M. Chanville.
BRETTIFER, *Seigneur de Village*,   M. Rochard.
MARINE, } *Batelieres*,   Mlle. Coraline.
NANETTE, }   Mlle. Catinon.
LA COUTURE, *Valet de Chambre de Brettifer*,   M. Thomaſſin.
UNE BOHEMIENNE,   Arlequin.
UN VALET DE LA DUNE.
UN GARDE-CHASSE.
UN TAMBOUR.

ACTRICES d'Opéra de Province, *chantantes & danſantes*.

BATELIERS & BATELIERES.
MEUNIERS & MEUNIERES.
GARDES-CHASSE.
BERGERS & BERGERES.
BUCHERONS & BUCHERONNES.
GENS DE LA NÔCE.
AVEUGLES.

LES AMANTS INQUIETS,

PARODIE

DE THÉTIS ET PELÉE.

Le Théâtre représente l'intérieur de la Maison de TONTON.

SCENE PREMIERE.
COLIN, *seul.*

Air : *Vous brillez seule en ces Retraites.*

QUE mon destin est déplorable !
   J'aime Tonton, & j'en suis bien traité.
Hélas ! mais elle est trop aimable,
Et mon cœur, & mon cœur en est agité.

A ij

LES AMANTS INQUIETS.

Air : *Là-haut sur ces Montagnes.*

Déjà Monsieur La Dune
Rival trop dangereux,
Soupire pour ma Brune :
Il faut cacher nos feux.
Tonton, Fille discrette,
Dans notre ardeur secrette,
En vain comble mes vœux ;
Je forme encor des plaintes.
Il est toujours des craintes
Pour les Amants heureux.

SCENE II.
COLIN, MARINE.

MARINE.

Air : *Préparons-nous pour la Fête nouvelle.*

Colin, Colin, quel souci vous arrête ?
    La Dune prépare une Fête.
Ce riche Entrepreneur de tous les Coches d'Eau
À sa chere Tonton va donner un Cadeau.

Air : *A quoi s'occupe Magdelon.*

Quand tout se trémousse aujourd'hui
Et prend un air de conquête,
Quand tout se trémousse aujourd'hui,
D'où vous vient ce sombre ennui ?

PARODIE.

MINEUR. *Je ne pense qu'à mon Troupeau.*

Ah ! Colin depuis quelques jours
Vous avez l'amour en tête.
Cher Colin, parlez sans détours,
Vous rêvez à vos amours.

COLIN.

Air : *Petite la Valiere.*

Par le seul mot d'amour je me sens allarmé.

MARINE.

Ah ! le pauvre garçon !

COLIN.

Je n'ai jamais aimé.
Vous me faites rougir.....

MARINE, *l'interrompant.*

Air : *Que j'aime mon cher Arlequin !*

Croit-il m'en donner à garder ?
Ah ! qu'il est drôle !
Mon ami, pour te décider,
Tiens, je n'ai qu'à te regarder ;
J'en jure ma parole.

COLIN.

Ah ! que vous êtes folle !

MARINE.

Crois-tu m'en donner à garder ?
Est-ce ainsi qu'on m'enjole ?

Air : *Du Cap de bonne Espérance.*

Colin, que ce jeu finisse,
C'est assez dissimuler ;
Aux yeux de la plus novice,
L'Amour ne peut se voiler ;

LES AMANTS INQUIETS,

Par-tout où ce Dieu peut être,
Nous savons le reconnoître ;
Il a beau s'envelopper,
L'instinct ne peut nous tromper.

COLIN.
Air : C'est l'ouvrage d'un moment.

J'aimerois ; mais mon cœur timide,
Craint de soupirer vainement ;
Souvent du bonheur d'un Amant,
C'est le caprice qui décide
Plûtôt que le sentiment.

MARINE.
Air : Eh ! vive la Jeunesse, qui ne vit que d'amour.

Que cette crainte cesse :
Déclare ta tendresse ;
La plus fiere Maîtresse
Te païa de retour.
Eh ! vive la Jeunesse,
Qui ne vit que d'amour.

COLIN.
Air : Ah ! Madame Anroux.

La crainte est toujours
Des tendres Amours,
Le cruel partage.

MARINE.

L'espoir est toujours
Le charmant partage
Des tendres Amours.

ENSEMBLE.

La crainte } est toujours { Le cruel } partage
L'espoir   { Le charmant }

Des tendres Amours.

SCENE III.
TONTON, MARINE, COLIN.

MARINE.

Air : *Ma Maîtresse est une Blonde.*

BELLE Tonton, belle Brune,
Recevez nos complimens ;
Pour vous, Monsieur de La Dune,
Prépare des jeux charmans.
   Eh ! ziste, zeste,
      Leste.

TONTON.

Partagez tous deux,
Ces honneurs que l'on me destine.

COLIN, *à part.*

Que je vais faire grise mine !
Mais il faut bien voir ces jeux.

MARINE.

Air : *Eh ! Allons-donc, jouez, Violons.*

Des Nymphes alloient par le coche
Gagner la Ville la plus proche,
Pour recruter un Opéra.
Par ces Sirenes ambulantes,
Et ces Déesses sautillantes,
Le Spectacle s'embellira.
Et La Dune les emploira,
Pour disposer à la tendresse
Le petit cœur de sa Maîtresse ;
Mais j'entends déjà leurs chansons. *
Eh ! allons donc, jouez, Violons.

* *On entend une Symphonie.*

SCENE IV.

COLIN, TONTON, MARINE, ACTRICES
D'Opera, *chantantes & dansantes.*

CHŒUR DES ACTRICES.

Air : *Aimons, aimons-nous.*

Aimez, rendez-vous :
Il n'est point de sort plus doux.

UNE ACTRICE.

Par nos pas & par nos voix
Nous savons disposer des ames :
Robins, Financiers, Bourgeois,
Et Grands Seigneurs, tout sent nos flâmes.
Nous allons, par notre Art vainqueur,
Attendrir aussi votre cœur.

CHŒUR DES ACTRICES.

Aimez, rendez-vous :
Pourquoi faire
La sévere.
Aimez, rendez-vous :
Eprouvez un bien si doux.

DANSE DES ACTRICES.

PARODIE.

SCENE V.

TONTON, COLIN, MARINE, LA DUNE, BATELIERS.

CHŒUR DES BATELIERS.

Air : *En mistico, en dardillon.*

A Not' Bourgeois, prouvons not' zèle,
En mistico, en dardillon, en dar, dar, dar, dar, dar ;
N'oublions pas Tonton, la Belle ;
    Que ç't'Objet si vanté
    Soit mistificoté, chanté.

(On danse.)

LA DUNE.

BEl-le Ton-ton, bon jour ; Voyez tout-te ma

Cour, Qui vient vous rendre homma- ge.

Ces beaux Ba- teliers si bien mis A tous vos

10 LES AMANTS INQUIETS,

ordres font fou- mis, C'eſt un grand

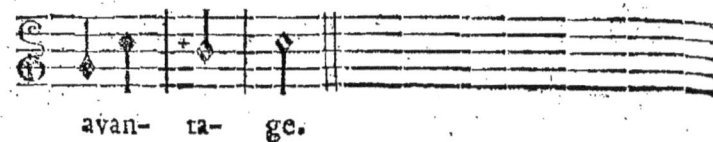

avan- ta- ge.

Même Air.

Mon Frere Brettifer,
Gentillâtre ſi fier,
Eſt Seigneur du Village;
Moi, je n'ai que les Coches d'Eau,
Et ſi mon fort n'eſt pas ſi beau,
Tonton m'en dédommage.

Air : *Tout du long de la riviere, ah ! qu'il fait bon là.*

Belle Bateliere,
Recevez ma foi;
De la Terre entiere
Je me croirai Roi.
Tout le long de la Riviere,
Je donne la loi;
Tout le long de la Riviere,
Regnez avec moi.

TONTON.

Air : *Monſieur, en vérité.*
Je mérite peu cet honneur :
Vos ſoins ſavent me plaire;

PARODIE.

Si vous me demandez mon cœur,
Oh ! c'est une autre affaire.
Tous ces apprêts vous ont coûté ;
Et j'en suis bien reconnoissante ;
　Votre servante ;
　Monsieur, en vérité,
Vous avez bien de la bonté.

LA DUNE.

Air : *Je ne veux qu'amour pour amour.*

Des soins que j'ai pris en ce jour
J'attends une autre récompense
　Que ta reconnoissance ;
Il me faut amour, il me faut amour pour amour.

CHŒUR D'ACTRICES.

Il lui faut amour, il lui faut amour pour amour.

LA DUNE.

Air : *Il faut tous entrer en danse.*

Je vais me mettre à la tête
De mes gentils Bateliers.
Mes Belles, dans cette Fête,
Ils seront vos Chevaliers.
Allons, Gilles, allons Pierre,
Frappons du pied contre terre,
Que chacun prenne un tendron ;
Les Garçons de la Riviere
Ne valent pas une pierre,
S'ils ne dansent le Cotillon.

(On danse.)

12 LES AMANTS INQUIETS,

LA DUNE, *chante la Ronde suivante.*

DAns la bel-le saison, Mieux que sur la fou-

gére, Se plait l'Amour fripon Le long de la Ri-

viere. Eh! ri-ez, riez donc, Gentille Bate-

liere. Eh! ri-ez, riez donc, Gentille Tonton.

La Mere à Cupidon
Naquit dans l'onde claire ;
C'est pour ça qu'il fait bon
Le long de la Riviere.
Eh ! riez, riez donc,
Gentille Bateliere ;
Eh ! riez, riez donc,
Gentille Tonton.

PARODIE.

Un beau Robin mignon
A flotante criniere,
Rencontrit son Trognon
Le long de la Riviere ;
Eh ! riez, &c.

Entrons, dit-il, entrons
Dans ce Bateau, ma Chere :
Je nous promenerons
Le long de la Riviere ;
Eh ! riez, &c.

Il ramoit de façon
Qu'il ne put prendre terre :
Tout doux ils dévalion
Le long de la Riviere ;
Eh ! riez, &c.

Il rompit l'Aviron,
Et sans devant derriere,
Zeste, il fit le plongeon
Le long de la Riviere ;
Eh ! riez, &c.

Faut avoir le bras bon,
Et savoir la magniere,
Pour mener un Tendron
Le long de la Riviere ;
Eh ! riez, riez donc,
Gentille Bateliere ;
Eh ! riez, riez donc,
Gentille Tonton.

(*On danse l'Air ci-dessus.*)

LES AMANTS INQUIETS,

LA DUNE.

Air : *Vantez-vous-en.*

(*A sa Suite.*)

Il est tems que la Fête cesse ;

(*A Tonton.*)

Je vous ferai vivre en Princesse,
Si vous me donnez votre cœur :
Songez, songez à cet honneur.
Songez encor plus, Belle Enfant,
A la vive ardeur qui me presse ;
Car vous aurez un bon Vivant,
Vantez-vous-en.

(*A Tonton.*)

Air : *Adieu, Tonton, ma Brune.*

Je sors avec ma Suite.
Adieu, petit Bijou.

TONTON.

Où court-il donc si vîte ?
Il s'en va comme un fou.
Quel embarras
Sa retraite m'évite !
Ah ! je ne croyois pas,
En être si-tôt quitte.

SCENE VI.
TONTON, COLIN.

TONTON.

Air : *Un Abbé dans un coin.*

Venez, il est parti,
  Mon ami ;
Nous sommes seuls ici.

COLIN.

Ils m'ont rompu la tête,
Quels funestes concerts !
Pendant toute la Fête,
Quels tourmens j'ai soufferts !

Air : *Et j'y pris bien du plaisir.*

Payez-moi de mon martyre ;
Si mon feu peut vous flatter,
L'ardeur que je vous inspire,
A présent doit éclater :
Parlez... ou sans me rien dire,
Poussez un tendre soupir ;
Dans vos yeux laissez-moi lire,
Que Colin vous fait plaisir.

TONTON.

Air : *Je n'entends plus dessous l'Ormeau.*

Vous regarder... & soupirer,
Que vous faut-il encore.

LES AMANTS INQUIETS,

COLIN.

Vous ne pouvez trop raſſurer
Un cœur qui vous adore.

TONTON.

Quand je réponds à votre eſpoir,
Faut-il avoir
Des allarmes?

COLIN.

Je crains vos charmes;
Ils ont trop de pouvoir.

TONTON.

Air : *Il eſt gen, gen, gen, il eſt ti, ti, ti.*

Si La Dune vous fait peur,
Voici bien autre choſe;
Apprenez qu'un beau Monſieur
Pour moi ſe propoſe;
C'eſt le Seigneur d'un Hameau,
Il me promet un Château.
Il eſt gen, gen, gen, il eſt ti, ti, ti, il eſt gen, il
eſt ti, il eſt Gentilhomme.

COLIN.

Ah! ce coup m'aſſomme.

Air : *Et tant, tant, tant.*

C'eſt Brettifer.

TONTON.

Oui, c'eſt lui-même.

COLIN.

PARODIE.

COLIN.

Rien n'eſt égal à mon dépit.
Hé bien! Voyez, chacun vous aime:
Ne vous l'avois-je pas bien dit?
V'là ç'que c'eſt d'être ſi jolie!
Aux Galants vous faites envie:
Il en vient tant & tant, tant, tant.

TONTON.

Ah! plus tu m'en vois ſuivie,
Plus ton Triomphe eſt éclatant.

COLIN.

JE ne ſuis qu'un ſimple Ber- ger, Qui ſans Art

cherche à plai- re; Et je n'ai rien pour en-ga-

ger, Que mon ar- deur ſin- ce- re.

TONTON.
Même air.

Le cœur ne doit prendre pour loi
Qu'une tendreſſe extrême;

Et le Berger devient un Roi,
Dès qu'il plaît & qu'il aime.
COLIN.
Même air.

Mon tréfor le plus précieux,
C'est cette vive flamme,
C'est cette yvresse que tes yeux
Font passer dans mon ame.
TONTON.
Même air.

Eh ! quel tréfor a plus d'attraits !
Colin n'a rien .... il aime.
Sans son amour j'ignorerois
Qu'il fût un bien suprême.

Air : *Quel plaisir, quand on s'aime bien ?*

Mon cœur est à toi, j'ai le tien.
ENSEMBLE.

Quel plaisir, quand on s'aime bien ?
COLIN.

La douceur de notre lien
Aux Dieux feroit envie.
ENSEMBLE.

Colin.
Tonton. } ne songeons plus à rien,
Qu'au bonheur de la vie.

PARODIE.

SCENE VII.

Le Théâtre représente un Paysage. La riviere baigne une Colline, sur laquelle est un vieux Château flanqué de Tourelles.

MARINE, NANETTE.

NANETTE.

Air : *Ces Filles sont si sottes.*

Non, non, Marine, je le voi,
Colin n'a point d'amour pour toi.

MARINE.

Il n'ose encor s'ouvrir à moi.

NANETTE.

Un vain espoir t'occupe :
Colin n'a point d'amour pour toi ;
Et ton cœur est bien dupe,
Ma foi,
Et ton cœur est bien dupe.

MARINE.

Co-lin m'aime; tout me le prouve. S'il me

LES AMANTS INQUIETS,

voit, d'abord il s'en-fuit. Seul a-vec moi

quand il se trouve, Il se tait, il est inter-

NANETTE.

dit. Ah! ma Cou-sine, Je suis peu fi-ne; Mais

quand j'aurai l'âge D'aimer à mon tour; Mon

cœur vif & tendre, Ne pourra prendre, Un air sau-

vage Pour de l'a-mour.

Air : *Ronde de Platée.*

C'Est bien autrement Qu'un A-mant Rend hom-

PARODIE.

mage à sa Maîtres- se; On aime peu, Quand on

cache son feu A l'objet de sa tendresse.

MARINE.
Air : *Qu'on est à plaindre quand on n'a pas.*

Ah ! Colin m'aime,
J'en crois mon cœur.

NANETTE.
Ton cœur lui-même
Est un menteur.

Air : *L'autre jour d'un air enfantin.*

Colin & Tonton l'autre jour
Étoient dans un lieu solitaire ;
Je crois qu'ils se parloient d'amour ;
Ils avoient un air de mystere.
  Ils soûpiroient,
  Se regardoient
Tous les deux, d'un air tendre.

MARINE.
Nanette, qu'est-ce qu'ils disoient?

NANETTE.
Je n'ai pû rien entendre.

MARINE.

Air: *Bouchez, Nayades, vos fontaines.*

Cette nouvelle me défole.

NANETTE.

Me voilà quitte de mon rôle ;
Car, on n'a plus besoin de moi.
Adieu.   (*Elle sort.*)

MARINE.

Tonton ici s'avance.
Prenons un air de bonne foi,
Pour mieux gagner sa confiance.

SCENE VIII.
MARINE, TONTON.
MARINE.

Air : *Ma tourlourette, en amourette.*

Venez-vous rêver en ces lieux,
Aux conquêtes que font vos yeux ?
Que votre sort est glorieux,
   Ma Tontonette,
   En amourette !
On m'a dit qu'un riche Seigneur
Vous offre encor son cœur.

PARODIE.
TONTON.

Air : *Toujours va qui danse.*

J'aime mieux l'amour ingénu,
Qui dans nos bosquets habite :
A la Cour il n'est pas connu.

MARINE.

C'est bien dit, ma petite ;
Et parmi nous, cet amour-là
Fait toujours résidence.
Ta, la, la, la, la, la, la, la ;
Toujours va qui danse.

Air : *Un Berger qui pour moi soupire.*

Un Berger qui cherche à me plaire,
Me rend sensible à ses maux ;
Aux plus illustres rivaux,
Il est digne qu'on le préfere.
Ah ! qu'il est beau, qu'il est charmant !

TONTON.

Comment nomme-t-on cet Amant ?

Air : *Pourvu que Colin me, voyez-vous !*

A m'informer d'un nœud si doux,
Notre amitié t'invite.

MARINE.

Je n'oserois.

TONTON.

C'est entre nous.

MARINE.

Colin a pris des soins... voyez-vous!

TONTON, *émue.*

Colin, Colin!

MARINE.

Quoi! qui vous agite?
Vous êtes interdite.

Air: *Mais mon Berger est si discret.*
(*A part.*)
Son air m'en fait assez connoître.
(*A Tonton.*)
Vous approuvez un si beau choix.

TONTON.

J'ignorois qu'il fût sous vos loix.
(*A part.*)
Qu'il cache bien son jeu, le traître!

MARINE.

Ah! mon Berger est si discret,
Que je suis sûre du secret.

Air: *Va, tu as raison, la Tulipe.*
Je vois Monsieur de la Couture,
Le Messager de Brettifer:
De la part d'un Seigneur si cher....
C'est vous qu'il cherche, j'en suis sûre;
Ceci ne veut pas de témoin.
(*A part, en s'en allant.*)
Tu ne le porteras pas loin.

PARODIE.

SCENE IX.
LA COUTURE, TONTON.
LA COUTURE.

Air : *Son joli petit Corbillon.*

JE viens pour vous, gentille Brune,
A voir mon Maître, il faut vous préparer ;
Ne manquez pas votre fortune :
Un Tel Amant va bien vous honorer.

TONTON.

Allez, Monsieur l'Ambassadeur,
Gardez vos avis ;
Je sens tout le prix,
Tout le prix d'un pareil honneur.

SCENE X.
TONTON.

Air : *Les Pelerins.*

TRistes honneurs, gloire cruelle,
Vous me gênez ;
Mes desirs vers un infidele
Sont entraînés ;

Plus d'une Belle pour punir
Un cœur parjure,
Profiteroit avec plaisir,
D'une telle aventure.

SCENE XI.
COLIN, TONTON.

COLIN, *gaiment.*

Air : *Viens, ma Bergere, viens seulette.*

Tonton, je vous trouve seulette;
O lonlanla, landerira;
Que mon ame en est satisfaite !
O lonlanla....

TONTON, *l'interrompant.*

Air : *Gentille Pelerine.*

Allez chercher Marine.   (*bis.*)

COLIN.

Vous me faites la mine !
Eh ! pourquoi donc cela !

TONTON.

Marine a sçû vous plaire ;
Je sçais tout le mystere.

PARODIE.

COLIN.

Que dites-vous, ma chère ?

TONTON.

Oui dà, Monsieur, oui dà,
C'est fort bien fait, on vous imitera.

La.

Air : *Je n'en dirai pas le nom.*

Hélas ! que j'étois contente
Quand je faisois quelque Amant ;
J'aurois voulu bonnement
Qu'il m'en fût venu cinquante ;
Pour le plaisir singulier
De les voir tous dans l'attente,
Pour le plaisir singulier
De te les sacrifier.

COLIN.

Air : *De Monsieur l'Homme.*

Vos soupçons me font outrage ;
Il faut s'éclaircir.

TONTON.

Je n'entends rien davantage,
Je veux te punir ;
Mais on tire, * & l'air résonne
Du bruit du tambour :
Brettifer vient en personne
Me faire la cour.

---

* On tire du Château, & le tambour bat.

LES AMANTS INQUIETS,

Air : *De tous les Capucins du monde.*

Je vais répondre à sa tendresse,
Dépit, intérêt, tout m'en presse.
Mon cœur va goûter en ce jour
Les agrémens de l'inconstance,
La douceur d'un nouvel amour,
Et le plaisir de la vengeance.

COLIN.

Sur le ton des deux derniers vers précédens.

Et moi, je lui vais sans détour,
Déclarer notre intelligence.

TONTON.

Air : *Dans un détour.*

Qu'ai-je entendu !
Ah ! téméraire, qu'oses-tu ?
Tout seroit perdu.
Songe à cacher tes transports.
Sors.

COLIN.

Dans l'état où je suis,
Je n'écoute plus rien.

TONTON.
      Je frémis.

COLIN.

Je me livre aux fureurs
D'un rival odieux.

PARODIE.
TONTON.
Je me meurs.
(On entend le Tambour.)
COLIN.
Viens Brettifer,
Et dans ce cœur qui lui fut cher,
Viens plonger ton fer.
(Le Tambour bat.)
TONTON.
Le bruit redouble, c'est lui.
Fui.
COLIN.
Air : *Ma Fanchon, ne pleurez pas.*

J'obéirai, si je voi
Finir ta rigueur extrême.
TONTON.
Hé bien ! mon cher, éloigne-toi.
Je crains ; c'est prouver que je t'aime ;
Que cela soit dit en deux mots ;
Apprends à sortir à propos.
(Le Tambour bat.)

SCENE XII.

BRETTIFER, TONTON, *un Tambour.*

BRETTIFER.

Air : *Tambour de l'Amour, &c.*

Partout en ce jour,
Au son du Tambour,
Qu'on annonce l'amour
Que Tonton m'inspire.

(*Le Tambour bat.*)

(*A Tonton.*)
Souffrez qu'en ce jour,
Au son du Tambour,
Un Seigneur plein d'amour
Près de vous soupire.
Tout, dans nos cantons,
Brûle pour vos traits mignons :
Ah ! combien ces yeux fripons
Font de vacarmes !
Trop d'éclat vous suit,
Et l'amour qui me conduit,
Doit, pour répondre à vos charmes,
Faire autant de bruit.

(*Le Tambour bat.*)

TONTON.

Air : *En badinant, en folâtrant.*

Oh ! vos ardeurs sont trop bruyantes.

(*Brettifer fait retirer le Tambour.*)

PARODIE.

BRETTIFER.

C'eſt pour honorer vos appas,
Sous mille formes différentes
Aux Belles j'ai tendu mes lacs :
Ces métamorphoſes galantes
    Étoient l'effet
    D'un amour ſecret :
En Financier,
En Officier,
En Conſeiller,
En Bourgeois, en Valet,
Ah ! que j'ai fait de conquêtes brillantes,
  Et ſurtout en petit Colet.

Air : *M. le Prevôt des Marchands.*

Aujourd'hui, c'eſt comme Seigneur
Que je déclare mon ardeur.

TONTON.

Les Seigneurs n'ont qu'un goût frivole ;
Leur cœur eſt d'abord prévenu ;
Mais leur amour tient-il parole ?
Il s'en va comme il eſt venu.

BRETTIFER.

Air : *Il eſt un Sophie.*

Il eſt vrai que mon cœur
Voloit de Belle en Belle.
Je me faiſois honneur
De leur être infidele.

LES AMANTS INQUIETS,

Pour passer le tems
J'en avois cinq cens,
Bon ! mille, & plus encore.
Tonton, des plus charmans objets
Vous rassemblez tous les attraits,
Et sans partage pour jamais,
Tenez, je vous adore,
Tenez, je vous adore.

Un cœur ten- dre Doit se ren- dre

A l'A- mour plus d'u- ne fois; C'est s'ins-

trui- re, Pour é- li- re L'objet digne

de son choix. Un vo- la- ge, Qui s'en-

gage, Satis- fait la vani- té: Son hommage

PARODIE.

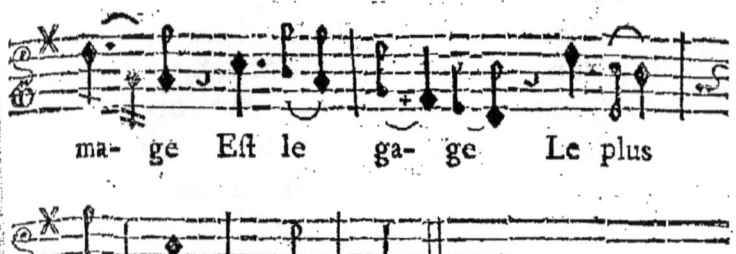
ma- ge Est le ga- ge Le plus

cher à la beau- té.

TONTON.

Vaudeville de Momus Fabuliste.

Un Papillon vole de rose en rose,
Et rend hommage à toutes à la fois.
De lassitude, enfin il se repose
Sur quelque fleur ; est-ce là faire un choix ?
Coquets fixés, ma fable est-elle obscure ?
    Lure, lure, lure.
Votre cœur vous l'expliquera,
    Lera, lera, lera.

BRETTIFER.

Air : *T'a-t-il levé la gorgerette.*

Prenez un peu plus d'assurance
Aux discours d'un fidele Amant.
Pour vous prouver clairement
Quelle doit être ma constance,
Vous allez dans le moment
Avoir un Divertissement.

TONTON, *sur le ton du dernier Vers.*
  La belle preuve, assurément !

C

LES AMANTS INQUIETS,

BRETTIFER, *A la Cantonade.*

Air : *Entre l'Amour & la raison.*

Rassemblez-vous tous à ma voix,
Et venez célébrer mon choix.
(*A Tonton*)
Tout le long de ces avenues,
J'ai fait cacher mes gens là-bas.
On ne me reprochera pas
Que ma fête tombe des nues.

SCENE XIII.

BRETTIFER, TONTON, LA COUTURE.

Entrée de { MEUNIERS & MEUNIERES.
GARDES-CHASSE.
BERGERS & BERGERES.
BUCHERONS & BUCHERONNES.

BRETTIFER.

Air : *Non, non, il n'est point de si joli nom.*

Dans vos chants joignez sans cesse
Le nom de Tonton au mien ;
Car sans cette gentillesse
De moi vous n'obtiendrez rien.
Chantez donc

PARODIE.

Qu'il n'est point de si joli nom,
Que le nom de ma Maitresse :
Non, non,
Il n'est point de si joli nom,
Que le nom de ma Tonton.

(Le Cor de chasse joue le commencement de l'air suivant.)

BRETTIFER.

Air : *Ah ! que la forêt de Cythere.*

Que le Cor au loin dans la plaine
Porte le son
D'un si beau nom.

Avec le Chœur & le Cor.

Tontaine, Tontaine, Tonton.

Seul.

Chantons, chantons à perdre haleine,
Et Brettifer & sa Tonton.

Avec le Chœur & le Cor.

Tontaine, Tontaine, Tonton,
Tonton, Tonton, Tontaine, Tonton.

(On danse.)

LA COUTURE, à *Tonton*.

Air : *Achevons notre cruchon.*

Rendez Brettifer content,

Avec le Chœur.

En plein, plan, rantamplan, tirelire, en plan.

Seul.
Ce Seigneur riche & galant,
Pour vos beaux yeux soupire.
Avec le Chœur.
Pour vos beaux yeux soupire,
Rantamplan, tirelire.
Seul.
De lui, tout ici dépend,
Avec le Chœur.
En plein, plan, rantamplan, tirelire, en plan.
Seul.
De lui tout ici dépend,
Et lui, de votre empire.
Avec le Chœur.
Et lui, de votre empire,
Rantamplan, tirelire.
Seul.
La fortune vous attend,
Avec le Chœur.
En plein, plan, rantamplan, tirelire, en plan.
Seul.
La fortune vous attend,
Laissez-vous y conduire.
Avec le Chœur.
Laissez-vous y conduire,
Rantamplan, tirelire.

En cet endroit on joue la tempête de l'Opéra, & fête est interrompue par l'arrivée de LA DUN

SCENE XIV.

Les Acteurs précédens, LA DUNE.

LA DUNE, *paroissant armé d'un croc dans un Bateau sur la riviere, accompagné de deux Bateliers.*

Air : *C'est qu'ça n'vous va brin.*

Tout beau, tout beau, Monsieur mon frere ;
   Je viens ici troubler le Bal.
Etes-vous assez téméraire
Pour vous déclarer mon rival ?
Cajoler ainsi ma Maitresse,
C'est n'avoir point de politesse ;
J'suis bien aise d'vous l'dire enfin,
C'est qu'ça n'vous va brin,
   Ça n'vous va brin.

BRETTIFER.

Air : *Paris est en grand deuil.*

Moderez-vous, Cadet,
Tonton est mieux mon fait ;
Je ris de votre audace.
J'emmene mon Balet,
Je laisse mon Valet
Vous parler à ma place.

(Brettifer sort avec les Danseurs & Danseuses.)

SCENE XV.
LA DUNE, LA COUTURE.

Air : *Ah ! que le fauxbourg Saint Jacques.*

ME prend-t-il pour un Jocrisse ?
Nous allons avoir un beau train.
Tonton me rend trop de justice
Pour choisir cet Aigrefin.
Brettifer en vain se flatte,
Trop tard il s'est déclaré.

LA COUTURE.

L'Amant le dernier en date
Est souvent le préféré.

LA DUNE.

Air : *Les Trembleurs.*

Si son humeur est altiere,
La mienne n'est pas moins fiere ;
J'ai pouvoir sur la Riviere,
Je puis lui jouer d'un tour.
Si je perce une barriere
Qui retient l'eau prisonniere,
Toute sa gentilhommiere
Sera noyée en un jour.

PARODIE.
LA COUTURE.
Air : *Comment faire ?*

Combien de gens en pâtiroient !
Que d'innocens y périroient !

LA DUNE.
D'accord ; mais je suis en colére.

LA COUTURE.
A l'amiable accordez-vous :
Il est quelque moyen plus doux.

LA DUNE.
Comment faire ?

LA COUTURE.
Air : *L'autre jour dans une Chapelle.*

Ici près, dans une carriere,
Habite un vieille Sorciere.
En lui présentant votre main,
Vous apprendrez votre destin.

LA DUNE.
Air : *Robin ture, lure, lure.*

Vos conseils sont fort prudens,
Suivons-les, Mons la Couture ;
Je vais sans perdre de tems,
 Ture lure,
Savoir ma bonne aventure,
 Robin ture, lure, lure.

(*Il sort avec la Couture.*)

SCENE XVI.

Le Théâtre représente l'intérieur d'une Carriere : dans le fond, sur un monceau de pierre, est la figure d'un gros Chat.

ARLEQUIN BOHEMIENNE, AVEUGLES des Quinze-Vingts, en robe.

LA BOHEMIENNE.

Air : Un sot qui veut faire l'habile.

SI ma science ne me trompe,
On doit bientôt ici me consulter.
On en impose par la pompe ;
Avec grandeur je vais représenter.
J'ai fait venir ces figures sinistres,
  Pour être les Ministres
  De l'aveugle Sort.
Leur chorus, s'il est d'accord
  Préviendra d'abord.
On joue le commencement de l'air, ô Destin.

LA BOHEMIENNE.

Air de l'Opera.

O Destin ! quelle prudence
Peut s'opposer à tes rats ?

PARODIE.

Air : *Tout roule aujourd'hui dans le monde.*

Sans mérite un Faquin s'avance ;
Tu fais un Docteur d'un Midas :
Tu mets Jasmin dans l'opulence,
Par des ressorts qu'on ne sçait pas.
Tels brilleroient à l'audience,
Que tu fais marcher aux combats ;
Et tels semblent nés pour la danse,
Qui portent de graves rabats.

Avec le Chœur.

O Destin ! quelle prudence
Peut s'opposer à tes rats ?

SCENE XVII.
COLIN, LA BOHEMIENNE, AVEUGLES.

COLIN, *à la Bohemienne*

Air : *Allons la voir à Saint Cloud.*

LE Maître des Bateliers,
Ce fameux Monsieur la Dune,
Va venir ici des premiers,
Pour sçavoir sa bonne fortune.
Vous me rendrez l'esprit content,
Si vous voulez en attendant,

Madame la Bohemienne,
M'apprendre auſſi la mienne.

LA BOHEMIENNE.

Air : *Vous ferez, belle Princeſſe.*

Boute, boute, boute, boute,
Boute l'argent dans la main.

COLIN.

Faut-il vous payer ?

LA BOHEMIENNE.

Sans doute.

COLIN.

Colin vous paîra demain.

LA BOHEMIENNE.

O la, l'raguioux, ô la, la, la, l'raguioux,
J'entre en courroux ;
Faquin, retirez-vous.

Avec le Chœur.

Fin de l'air : *Non, je ne ferai pas.*
On ne répond ici qu'aux gens pécunieux.
Sortez, ſortez, ſortez promptement de ces lieux.

COLIN.

Air : *N'avez-vous pas vû paſſer Marguerite ma mie.*

Je n'en veux point ſortir, (bis.)
Il faut que j'y ſoupire.
O lire, ô lire,
Mon douloureux martyre,
A loiſir.

PARODIE.
LA BOHEMIENNE.
Même Air.

Tu veux donc rester là ! (*bis.*)
Eh bien : je me retire,
  O lire, ô lire,
Pour te laisser tout dire,
  On s'en va.

La Bohemienne est prête à se retirer avec ses Aveugles. LA DUNE *qui entre, l'en empêche.*

SCENE XVIII.

Les Acteurs précédens, LA DUNE.

LA DUNE, *arrêtant la Bohemienne.*

Air : *Quand je suis dans mon Corps-de-Garde.*

POURQUOI quitter ainsi la scene ?
Colin doit plutôt s'en aller.
(*A Colin.*)
L'ami, ta présence me gêne ;
Je veux sans témoin lui parler.
Colin sort.

SCENE XIX.
LA DUNE, LA BOHEMIENNE, AVEUGLES.

LA BOHEMIENNE.

Air : *Belle digue don, digue don, don daine.*

Quel sujet ici vous amene ?
Digue, digue don, digue don, don daine.

LA DUNE.

Mon frere & moi, nous brûlons pour Tonton;
Ma belle diguedi, ma belle diguedon.
Qui des deux y perdra sa peine ?

(*La Bohemienne faisant signe qu'on lui donne de l'argent.*)

Digue, digue don, digue don, don daine.

(*La Dune, lui donnant une bourse.*)

Air : *Le Gourdain.*

Pour nous épargner du train,
Interrogez le Destin :
A ses ordres, je vous jure,
Nous nous rendrons sans murmure.

LA BOHEMIENNE.

Lure, lure, lure, lure, lure ;

PARODIE.

Je vais conjurer mon lutin.
Guére lin guin, guére lin guin guin, guére lin guin, guin, guin, guin.

Air : *Je viens exprès de Congo.*

De par Monsieur Belzebut
Paix, psit, mot, chut,
Re si ut,
Ne troublez pas mon début :
L'enthousiasme augmente.
Que tout ici presto, ô, ô, ô, ô,
Ressente
Le même vertigo, ô, ô, ô, ô,
Ressente
Le même vertigo.

Air : *A Paris y a trois filles.*

Rendons l'Oracle en cadence :
Quinze-Vingts, entrez en danse.
Dansez, dansez donc, doubles traîtres ;
Puisqu'enfin
Tout doit danser, jusqu'aux Prêtres
Du Destin.

DANSE DES AVEUGLES.

LA BOHEMIENNE.

Air : *Du haut en bas.*

Je vais parler :
Que chacun tremble ici d'avance,
Je vais parler :
Le Destin va se dévoiler ;

LES AMANTS INQUIETS,

Son livre s'ouvre en ma préfence ;
Obfervez un profond filence :
Je vais parler.

Air : *Sont les Garçons du Port au bled.*

Si quelqu'un époufe Tonton,   (*bis.*)
Il en verra naître un Poupon,   (*bis.*)
Bien plus gros Seigneur que fon pere ;
Le refte eft un profond myftere.

(*La Bohemienne fe retire
avec les Aveugles.*)

SCENE XX.
LA DUNE.

Air : *Ah ! Nicolas, fois moi fidele.*

POURQUOI me cache-t-on le refte ?
Cela me donne du foupçon.
Il faut bien mieux refter garçon,
Que d'encourir un fort funefte.
Quand une femme a tant d'appas,
Nage toujours, ne t'y fi' pas.

(*Il fort.*)

PARODIE. 47

SCENE XXI.
Le Théâtre représente une Campagne.
BRETTIFER, MARINE.
BRETTIFER.
Premier Air des Savoyards.

Quelle perfi-di-e! Ma flâme est tra-hi-e! Est-ce donc mon frere Qui sait

MARINE. DORINE.

plaire A Ton-ton? Non. Un simple Ber-ger Sait l'enga-ger Par sa flâme sin-cere: C'est le beau Co-lin, Qui de son

48 LES AMANTS INQUIETS,

cœur a trouvé le che- min. Ain?

MARINE.

Deuxième Air des Savoyards.

DAns l'ardeur qui les presse, Pour eux les plus

longs détours Paroissent cours; Ils se cherchent sans

cesse, Et se rencontrent toujours: Pour les

rendre heureux, Le fripon d'Amour sert leurs

feux; Et par des routes se- crettes, Il

fait

PARODIE. 49

fait les guider tous deux ; Et dans toutes les ca-

chettes, Il est toujours avec eux.

BRETTIFER.

Air : *Depuis que j'ai vû Nannette.*

Un Berger a l'insolence
De traverser mon ardeur !
Laisse-moi. (*Marine sort.*) Tonton s'avance;
J'en crois son air de candeur.
Quand je vois cette Brunette,
Je sens mon feu redoubler.
Elle a l'air d'une fillette,
Qui ne sçait pas l'eau troubler.

LES AMANTS INQUIETS,

SCENE XXII.
BRETTIFER, TONTON.

BRETTIFER.

Air : *Ma Belle, ma toute Belle.*

PLus belle que l'Au-rore, Tu fais tous

mes dé-firs ; Pour t'embel-lir en-core, Ré-

ponds à mes fou-pirs.

TONTON.

Air: *Ah! qu'il y va, ma Bergere, ah! qu'il y va gaiment!*

Monsieur La Dune en dit autant,
Il seroit mécontent.
Son vaste pouvoir s'étend,
Tout du long de la Riviere ;
Tonton, comme Bateliere,
De lui seul dépend.

PARODIE.
BRETTIFER.

Air : *Ah ! vous ne m'aimez pas.*

Quoi ! votre cœur héfite
A combler mon ardeur !
Quand l'amour vous invite
Au plus parfait bonheur,
Par une vaine excuſe,
Vous me trompez, hélas !
Qui balance, refuſe ;
Ah ! vous ne m'aimez pas.

(*Un Valet de La Dune apporte un billet.*)

TONTON.

Air : *Amis, ſans regretter Paris.*

On vient vous donner un billet.

BRETTIFER.

De la part de La Dune !
Rompons-en vîte le cachet.
(*Il lit le Billet.*)
Quelle bonne fortune !

SCENE XXIII.
TONTON, BRETTIFER.
BRETTIFER.

Air : Un inconnu.

L'Obstacle cesse, & je n'ai plus d'allarmes ;
Mon frere enfin renonce à vos attraits.
Lorsque des charmes
Si doux, si vrais
Sont effacés de son cœur pour jamais,
C'est pour jamais que je vous rends les armes.

Air : J'ai des vapeurs, je me meurs.

Mais quoi, Tonton est inquiette,
Distraite !
Dieux ! quel mépris !
Vous me laissez, sans me répondre,
Morfondre.
J'en suis surpris.
Quelqu'autre Amant vous intéresse ;
Je vois....

TONTON, *troublée.*

Non, Monsieur.

BRETTIFER.

Mais, mon cœur,
D'où vous vient donc tant de tristesse ?

PARODIE.
TONTON.

J'ai des vapeurs,
Je me meurs.

BRETTIFER.

Air : *J'étois seule en un bocage.*

Vous aimez, je le décide ;
Votre cœur est oppressé :
Vous avez la voix timide,
Le regard embarrassé.
Ce mouchoir tremble & s'agite.
  Petite,
 Vous rougissez !
Jeune objet qui, sans rien dire,
  Soupire,
 En dit assez.

Air : *Nous avons pour nous satisfaire.*

On m'a fait un rapport sincére.

TONTON.

Quoi !

BRETTIFER.

Colin & vous de concert.

TONTON.

Non.... Colin....

BRETTIFER.

   Ton trouble m'éclaire,
C'en est trop.

TONTON.

  Tout est découvert.

D iij

BRETTIFER.

Air : *Les Pierrots.*

Un mortel du rang le plus bas,
A mon amour ose ainsi faire outrage !

TONTON.

Plus d'un Seigneur est dans le cas,
Et n'en fait pas plus de fracas.

BRETTIFER.

Au mépris de mon tendre hommage,
Ce beau Berger sur moi l'emportera !
Non, non, morbleu, mon cœur se vengera;
Ah ! ah ! nous allons voir ça.   (*Il sort.*)

SCENE XXIV.

TONTON, COLIN.

TONTON.

Air : *M. l'Abbé, où allez-vous ?*

Mon cher Colin, tout est perdu ;
Hélas ! notre amour est connu.
Brettifer.... Je frissonne....

COLIN, *froidement.*

Eh ! bien ?

PARODIE.
TONTON.
Menace ta personne.
Quoi ! tu ne crains rien !

Air : *L'occasion fait le larron.*

Cette assurance est-elle naturelle ?
COLIN.
Mon fier Rival me cause peu d'effroi.
Pour vous punir, il vous trouve trop belle :
Vous vivrez, & c'est tout pour moi.
TONTON.

Air : *Le Confiteor.*

Ce discours est fort obligeant.
COLIN.
Ah ! que n'êtes vous immortelle !
Le tour seroit bien plus galant.
TONTON.
Que tu peins bien l'amour fidele !
Mais, quoique rien ne soit mieux dit,
Colin, ton cœur a trop d'esprit.

SCENE XXV.

TONTON, COLIN, GARDES-CHASSES, servant d'Archers.

UN GARDE.

Air : *Dérouillons, dérouillons, ma Commere.*

EN prison, en prison au plus vîte,
En prison, en prison, en prison.

TONTON.

Arrêtez donc...

COLIN.

Permettez donc
Que je chante, avant que je la quitte,
Un Madrigal.

LES GARDES.

Non, non, en prison.

COLIN, *en sortant.*

Air : *Adieu donc mes amours.*

Adieu, ma chere amie.

TONTON.

Au secours, au secours.
C'est en vain que je crie.
Dieux ! quelle barbarie !
Colin, mes amours,
Ah ! je te perds pour toujours.

(*Tonton suit Colin.*)

PARODIE.

SCENE XXVI.
LA COUTURE, BRETTIFER.

BRETTIFER.

Air : *Folies d'Espagne.*

Quoi ! la Sorciere a fait cette réponse.

LA COUTURE.

N'en doutez point.

BRETTIFER.

Quel oracle fatal !

LA COUTURE.

A ses amours votre frere renonce ;
Il craint l'hymen.

BRETTIFER.

Il ne fait pas si mal.

Un fils plus gros Seigneur que moi Quelque

LA COUTURE.

jour me fe- roit la loi. Seigneur, vous pen-

58 LES AMANTS INQUIETS,

BRETTIFER.

fez à merveille. Monsieur mon père é-toit trop

bon: Je l'ai chas-sé de sa maison; Mon fils me ren-

droit la pa-reil-le.

LA COUTURE.

Air : *Baise-moi donc, me disoit Blaise.*

Tonton vous cherche toute en larmes.

BRETTIFER.

Hélas ! hélas ! mon cher, malgré ses charmes,
La crainte étouffe mon ardeur :
Mais prenons un air de victoire ;
Timides effets de ma peur,
Tournez au profit de ma gloire.
    Air : *Simone, ma Simone.*
Ne bravons point le Destin ;
Va chercher Colin.

(La Couture sort.)

Cependant mon feu méprisé
Rallume encor ma rage.
Hélas ! qu'il est mal-aisé
D'être amoureux & sage)

PARODIE.

SCENE XXVII.

TONTON, MARINE, BRETTIFER.

TONTON.

Air : *Je viens devant vous.*

JE viens devant vous,
A deux genoux.

BRETTIFER.

Eh ! bien, ma chere ?

TONTON.

Ah ! par charité,
Mettez Colin en liberté.

MARINE.

Ah ! de mon côté je viens vous faire
La même priere :
Je me sens saisir
D'un repentir
Vif & sincere ;
J'ai trahi les feux
De ces Amans trop malheureux.

BRETTIFER.

Air : *Accorde ta Musette.*

Ce beau Berger si tendre,
Par mon ordre, paroît.
(*A Tonton.*)
Et vous allez entendre
Tous les deux votre Arrêt.

SCENE XXVIII. & derniere.

MARINE, COLIN, LA COUTURE, TONTON, BRETTIFER.

BRETTIFER.

Air : *Votre Toutou vous flatte.*

Pour lui l'amour éclate
Malgré vous dans vos yeux ;
En moi rien ne vous flatte,
Je vous suis odieux.
   Ingrate,
Je ne puis mieux
Venger mes feux,
Qu'en vous rendant époux tous deux.

COLIN, TONTON, MARINE, LA COUTURE.

Air : *Eh ! allons gai, M. le Procureur.*

Honneur, honneur,
A ce brave Seigneur,
Qui de l'Amour est vainqueur.

BRETTIFER.

Air : *Nous autres bons Villageois.*
(*A Colin.*)
Mon ami, je ne veux point
Traverser ta bonne fortune ;

PARODIE.

Pour te prouver en tout point,
Que mon cœur n'a plus de rancune,
Chez-toi j'agirai sans façon,
Comme l'ami de la maison.

COLIN.

Je vous retiens dès-à-présent,
Pour Parrein du premier Enfant.

LA COUTURE, COLIN, MARINE, TONTON.

Air : *Eh ! allons gai, M. le Procureur.*

Honneur, honneur,
A ce brave Seigneur,
Qui de l'Amour est vainqueur.

DIVERTISSEMENT GÉNÉRAL.

NOCE DE COLIN ET DE TONTON.

On présente un bouquet à la Mariée.

On distribue des rubans à tous les Garçons & à toutes les Filles du village ;

Et chacun vient faire son présent aux nouveaux Epoux ; ces dons consistent en differens ustenciles de ménage.

VAUDEVILLE.

Premier Couplet.

BRETTIFER.

TOnton, Co-lin, heureux é-poux, Que vo-

tre bonheur nous fla-te! Pour céle- brer un

nœud si doux, En ces lieux la joye é-cla-te:

Chacun, son préfent à la main, Va vous fai-

re la réve- rence; N'ayez fou-ci du lende-

VAUDEVILLE. 63

main; Car j'aurai soin de la dé- pense:

Et voi- là comment Il faut faire un

compli- ment.

II.

Cléon, déja sur le retour,
Brûloit pour une Coquette;
En vain il peignoit son amour,
Et prodiguoit la fleurette.
Son hommage étoit des plus foux,
Tant qu'il ne parla que tendresse.
Il offre Contrats & Bijoux;
Pour lui, dabord on s'intéresse :
  Et voilà comment
Il faut faire un Compliment.

III.

TONTON.

Par vos propos, amans de Cour,
Croyez-vous charmer une ame?

Ce n'est point par un joli tour
Qu'il faut prouver votre flamme.
Quand l'esprit est si babillard,
Le cœur n'a pas grand' chose à dire.
Hélas ! il suffit d'un regard,
Où le sentiment se fait lire.
 Oui, voilà comment
Il faut faire un Compliment.

IV

COLIN.

Te souviens-tu que dans nos bois
D'un loup je domptai la rage ?
Tous nos Bergers, à haute voix,
Célébrerent mon courage.
Si ta bouche ne put s'ouvrir,
Ton cœur avoit eu trop d'allarmes ;
Mais je vis briller le plaisir
Dans tes yeux encor pleins de larmes.
 Ah ! voilà comment
Il faut faire un Compliment.

V.

Quand Lise chante sous l'ormeau,
On s'empresse pour l'entendre ;
C'est toujours éloge nouveau
Sur sa voix légere & tendre.
Charmé du plaisir qu'elle fait,
Avec transport chacun l'admire :

Lucas

VAUDEVILLE.

Lucas est le seul qui se tait :
Mais il la regarde, il soupire.
    Et voilà comment
Il faut faire un Compliment.

VI.

NANNETTE.

Chaque Berger, d'un air coquet,
S'en vient, le jour de ma fête,
M'engager à prendre un bouquet
Par un compliment honnête ;
C'est à qui louera mes attraits
Avec plus d'esprit & d'aisance.
Blaise ne sçait rien dire....mais....
Mais il fait parler son silence.
    Et voilà comment
Il faut faire un Compliment.

COMPLIMENT

Pour la clôture du Théâtre en 17

Sur l'air du Vaudeville précédent.

PREMIER COUPLET.

M. ROCHADR, au PUBLIC.

MESSIEURS, pour faire nos adieux,
Un Compliment est d'usage ;
Mais souvent il est ennuyeux,
Et refroidit notre hommage.
Aucun discours ne peut jamais
Peindre l'ardeur qui nous inspire ;
Et ce n'est que par les effets
Que le zéle doit se produire.
 Oui, voilà comment
Il faut faire un Compliment.

II.

Madame DEHESSE.

Tous nos succès les plus brillants
Ne sont dus qu'à l'indulgence ;
Avec nous depuis fort longtemps
Le Public est en avance ;
Mais comment rendre les transports
D'une vive reconnoissance ?
C'est en redoublant nos efforts,
Plutôt que par notre éloquence.
 Oui, voilà comment
Il faut faire un Compliment.

COMPLIMENT. 67
III.
M. CHANVILLE.
Votre critique avec douceur,
Forme un Acteur qui commence.
J'ai vû l'indulgent spectateur
Ranimer mon esperance;
Mes talens, au gré de mes vœux,
Ne viendront jamais assez vîte.
C'est par des progrès plus heureux
Qu'il faut qu'envers vous je m'acquitte.
  Et voilà comment
Il faut faire un Compliment.
IV.
ARLEQUIN.
Je parlerois jusqu'à demain
Du zéle ardent qui m'anime;
Mais vous conviendrez qu'Arlequin
N'est pas Orateur sublime.
Je me perdrois dans les détours
De ma Rhétorique frivole;
Messieurs, au lieu de grands discours,
Je vais faire une cabriole.
  Et voilà comment
Je vous fais mon compliment.

FIN.

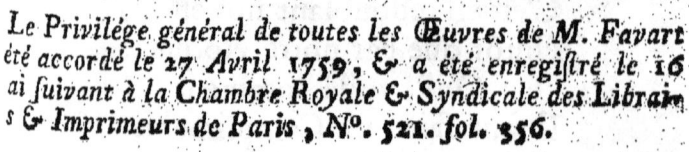

Le Privilége général de toutes les Œuvres de M. Favart
été accordé le 27 Avril 1759, & a été enregistré le 16
ai suivant à la Chambre Royale & Syndicale des Librai-
s & Imprimeurs de Paris, N°. 521. fol. 356.

Catalogue des Piéces des Comédies Françoise & Italienne, & Opera Comique qui se vendent détachés.

Du Théâtre François.

DE M. DE VOLTAIRE.

Alzire, Tragédie.
Zaïre, Tragédie.
Mahomet, Tragédie.
La Mort de César, Tragédie.
Hérode & Mariamne, Tragédie.
Rome sauvée, Tragédie.
Sémiramis, Tragédie.

Du Théâtre François in-12. de M. de MARIVAUX.

Le Pere prudent & équitable.
Annibal, Tragédie.
Le Dénouement imprévû.
L'Isle de la Raison.
La surprise de l'Amour, des François.
La Réunion des Amours.
Les Sermens indiscrets.
Le Petit-Maître corrigé.
Le Legs, Comédie.
Le Préjugé vaincu.
La Dispute.

Théâtre Italien du même Auteur.

Le Triomphe de Plutus.
Le Triomphe de l'Amour.
L'Ecole des Meres.
L'Heureux stratagême.
La Méprise.
La Mere confidente.
Les fausses Confidences.
La Joye imprévue.
Les Sinceres.
L'Epreuve.

Du Théâtre François in-8°. de M. de BOISSY.

L'Amant de sa femme.
L'Impatient.
Le Babillard.
Admete & Alceste, Tragédie.
Le François à Londres.
L'Impertinent malgré lui.
Le Badinage.
Les deux Nieces.
Le pouvoir de la Sympathie.
Les Dehors trompeurs.
L'embarras du Choix.
L'Epoux par supercherie.
La Fête d'Auteuil.
Le Sage étourdi.
Le Médecin par occasion.
La Folie du jour.

Théâtre Italien du même Auteur.

Le Triomphe de l'Intérêt.
Le Je-ne-sais-quoi.
La Critique.
La Vie est un songe.
Les Etrennes, ou la Bagatelle.
La surprise de la Haine.
L'Apologie du Siecle.
Les billets doux.
Les Amours anonymes.
Le Comte de Nully.
La quatre Etoiles.
Le Rival favorable.
Les Talens à la mode.
Cantatille des Talens à la Mode.
Le Mari Garçon.
Pamela en France.
Le Plagiaire, avec la Musique.
Le Retour de la Paix, Comédie.
Le Prix du Silence, Comédie.
La Frivolité, avec la Musique.

Théâtre François in-12. de M. PIRON.

L'Ecole des Peres, Comédie.
Callisthène, Tragédie.
Les Courses de Tempé, Pastorale.
Gustave, Tragédie.
La Métromanie, Comédie.
Fernand Cortés, Tragédie.

De M. de SAINTFOIX.

Le Philosophe dupé de l'Amour, C.
Les parfaits Amans, Comédie.
Alceste, Divertissement.
Les Hommes, Comédie-Ballet.
Les Veuves, Comédie.
La Colonie, Comédie.

De M. de V***.

Les Mariages assortis, Comédie.
La Coquette fixée, Comédie.
Le Réveil de Thalie, Comédie.
L'Ecole du Monde, Comédie.
Le Retour de l'Ombre de Moliere, C.
La Fausse Prévention, Comédie.

De M. DUCHÉ.

Absalon, Tragédie sainte.
Débora, Tragédie sainte.
Jonathas, Tragédie sainte.

De M. FAGAN.

L'Amitié Rivale.
La Pupille.
Le Rendez-vous.
La Grondeuse.
L'Isle des Talens.

De M. PESSELIER, in-8°.
La Mascarade du Parnasse.
L'Ecole du tems.
Esope au Parnasse.
Etrennes d'une jeune Muse.
Le Songe de Cydalise.
De M. GUYOT DE MERVILLE in 8°.
Les Impromptus de l'Amour.
Les Mascarades Amoureuses.
Le Dédit inutile.
Les Dieux travestis.
De M. AVISSE, in-8°.
La Gouvernante.
Le Valet embarrassé.
De M. DE LA GRANGE, in-8°.
Le Déguisement.
Les Contre-Tems.
L'Italien marié à Paris, Comédie.
L'Accommodement imprévû.
Le Rajeunissement inutile.
De MM. ROMAGNESI & RICCOBONI.
Les Ennuis du Carnaval, Comédie.
Les Fées, Comédie.
La Fille Arbitre, Comédie.
 Parodie du même.
Achille & Déidamie, Parodie.
Les Sauvages, Parodie.
Les Gaulois, Parodie.
Pièces détachées du Théâtre François, in-8°.
Le Magnifique, Comédie.
Antoine & Cléopâtre, Tragédie.
La double Extravagance.
Alexandre, Tragédie.
Adam & Eve, Tragédie.
Benjamin, ou la reconnoissance de Joseph, Tragédie.
Amalasic, Tragédie.
Bajazet V. Empereur des Turcs, Trag.
 1759.
L'Isle déserte, Comédie.
 Du Théâtre François, in-12.
Les Souhaits, Comédie.
Vanda, Reine de Pologne, Tragédie.
Le Plaisir, Comédie avec la Musique.
Le Sot toujours Sot, Comédie.
Caliste, ou la belle Pénitente, Trag.
Génie, pièce Dramatique.
La Fille d'Aristide, 1759.
Le Valet Maître, Comédie.
Varon, Tragédie.
La Métempsicose, Comédie.
Les Engagemens indiscrets.
Les Adieux du Goût, Comédie.
Les Tuteurs, Comédie.
La Folie & l'Amour, Comédie.
Mérope, Tragédie.

L'Avocat Patelin, Comédie.
L'Opiniâtre, Comédie.
Les Vapeurs, Comédie.
La Gageure de Village, Comédie.
La Coquette corrigée, Comédie.
Iphigénie en Tauride, Tragédie.
 1759.
Astarbé, Tragédie.
La Méchanceté, Parodie d'Astarbé.
Hypermnestre, Tragédie.
Zulica, Tragédie.
 Du Théâtre Italien, in-12.
La Partie de Campagne, Comédie.
L'Amant Auteur & Valet.
La Gageure, Comédie.
Les Petits-Maîtres, Comédie.
Le Provincial à Paris, Comédie.
La Feinte supposée, Comédie.
La Fausse inconstance, Comédie.
Le Retour du Goût, Comédie.
Les Lacédemoniennes, Comédie.
Le Prix de la Beauté.
La Campagne, Comédie.
L'Epouse suivante, Comédie.
Les Fêtes Parisiennes, Comédie.
 1759.
La Parodie d'Hypermnestre.
 Comédies du Théâtre Italien, in-8°.
L'Ecole de la Raison.
Le Miroir, Comédie.
Le Bacha de Smirne, Comédie.
L'Année Merveilleuse, Comédie.
La mort de Bucephale.
Les Femmes, Comédie-Ballet.
Le Deuil Anglois, Comédie.
 Parodies du Théâtre Italien, in-8°.
Cybèle Amoureuse, Parodie.
Brioché, Parodie.
Les Jumeaux, Parodie.
L'Amant déguisé, Parodie.
Le Prix des Talens, Parodie.
La Pipée, avec les Ariettes.
Musique de la Pipée.
La petite Maison, Parodie.
 1759.
La Sybille, Parodie.
Le Carnaval d'Eté, Parodie.
Catalogue de toutes les Pièces de M. FAVART, *avec la Musique.*
 Du Théâtre Italien.
Hippolite & Aricie.
Les Amans inquiets.
Les Indes dansantes.
Musique des Indes dansantes.
Les Amours champêtres.
Fanfale, Parodie.
Raton & Rosette.
Musique de Raton & Rosette.
Tircis & Doristhée.

Bajocco, Parodie.
Les Amours de Bastien & Bastienne.
Zéphyre & Fleurette.
La Fête d'Amour, Comédie.
La Bohemienne, Comédie.
La Musique de la Bohem. 2 Parties.
Les Chinois.
La Musique des Chinois.
Ninette à la Cour.
La Musique de Ninette, 4 parties.
Les Ensorcelés, ou Jeannot & Jeann.
La Nôce interrompue.
La Fille mal gardée, Parodie.
Musique de la Fille mal gardée.
La soirée des Boulevards.
La Musique de la soirée.
Petrine, Parodie de Proserpine.

Operas Comiques & Parodies.
Moulinet premier.
La Chercheuse d'Esprit.
Le prix de Cythere.
Le Coq du Village.
Acajou, Opera Comique.
Musique d'Acajou.
Amours Grivois.
Le Bal de Strasbourg.

La Servante justifiée, Opera Com.
Dom Guichotte, Opera.
La Coquette trompée, Opera C.
La Coquette sans le sçavoir, Op. C.
Les Batteliers de S. Cloud, Op. Com.
L'Amour au Village, Opera Com.
Thésée, Parodie.
Cythere assiégé, Opera Comique.
Musique de Cythere assiégé.
Les jeunes Mariés, Opera Comique.
Les Nymphes de Diane, Op. Com.
Musique des Nymphes de Diane.
L'Amour impromptu, Parodie.
Le Mariage par escalade, Op. Com.
La Répétition interrompue, Op. C.
Le Retour de l'Opera Comique.
Depart de l'Opera-Comique.
Le Bal Bourgeois, Opera Comique.
La Ressource des Théâtres.
La Ressource des Théâtres.

De M. VADE'.
La Fileuse, Parodie.
Le Poirier, Opera Comique.
Le Bouquet du Roi.
Le Suffisant.
Les Troqueurs & le Rien, Parodie.
Airs choisis des Troqueurs.
Le Trompeur trompé.
Il étoit tems, Parodie.
La nouvelle Bastienne, avec la Fontaine de Jouvence.
Les Troyennes de Champagne.
Jerôme & Fanchonnette, Pastorale.
Le Confident heureux.
Follette ou l'Enfant gâté.
Nicaise, Opera Comique.
la musique, &c.

Les Racoleurs, Opera Comique.
L'Impromptu du cœur.
Le mauvais plaisant, Opera Com.
La Canadienne, Comédie.
La Pipe cassée, Poëme.
Les Bouquets Poissards.
Les Lettres de la Grenouillere.
Oeuvres posthumes, faisant le Tome quatrième, contenant les Amans constans jusqu'au trépas, des Fables & Contes
Le Recueil de Chansons avec la Musique.
La Veuve indécise, Parodie.
La Folle raisonnable, Opera Com.
Le Serment inutile, Comédie.
La Dupe de sa ruse, Comédie.
Le faux Ami, Comédie.

De M. ANSEAUME.
Le Monde renversé.
Bertholde à la Ville, avec les Ariettes.
Le Chinois poli en France.
Les Amans trompés, Opera Com.
La fausse Aventuriere.
Le Peintre amoureux de son Modele.
Le Docteur Sangrado, Opera Com.
Le Medecin d'Amour.
Les Ariettes du Medecin d'Amour.
Cendrillon, Opera Comique.
L'Yvrogne corrigé, Opera Comique.
Ariettes de l'Yvrogne corrigé.

Suite des Opera Comiques de differens Auteurs.
Le Troc, Parodie des Troqueurs avec la Musique, 3 liv. 12 sols.
Le Retour favorable.
La Rose ou les Fêtes de l'Hymen.
Le Miroir Magique.
Le Rossignol, avec la Musique.
Le Dessert des Petits Soupers.
Le Calendrier des Vieillards.
La Coupe enchantée.
Les Filles, Opera Comique.
Le Plaisir & l'Innocence.
Les Boulevards.
L'Ecole des Tuteurs.
Zephire & Flore.
La Péruvienne.
Les Fra-Maçonnes.
L'Impromptu des Harangeres.
La Bohemienne, avec la Musique.
Le Diable à quatre, avec les Ariettes.
Les Amours Grenadiers.
La Guirlande.
Le Quartier Général, Opera Com.
Le Faux Dervis, Opera Comique.
Le Nouvelliste, Opera Comique.
Gillos, Garçon Peintre.
Le Magazin des Modernes.
L'heureux Déguisement.
Les Ariettes de l'heureux Déguisem.
La Parodie au Parnasse.
Blaise le Savetier, Opera Comique.
La Musique du même.

Catalogue de Musiques nouvelles relatives aux Pieces de Théâtres & autres.

L'Amusement des Dames, ou Recueil de Menuets, Contre-Danses, Vaudevilles, Rondes de Table, 10 Parties, 12 l.
La Toilette de Vénus dressée par l'Amour, contenant des Menuets, Contre-Danses, Vaudevilles, 10 Parties, 12 l.
Le Passe-tems agréable & divertissant; Vaudevilles, Rondes de Table, Duo, Brunettes & autres, 10 Parties, 12 l.
Les Desserts des petits Soupers de Madame de ... 10 Parties, 12 l.
L'Année Musicale, contenant un Recueil de jolis Airs, Parodies, en 20 Parties, formant 2 vol. in-8°. 24 l.
Les mille & une Bagatelles en 28 Parties, 33 l. 12 s.
Les Thémiréides, ou Recueil d'Airs à Thémire, 3 Parties, par M. l'Abbé de l'Attaignant, 3 l. 12 s.
Amusemens champêtres, ou les Aventures de Cythere, Chansons nouvelles à danser, 2 Parties, 2 l. 8.
Recueils d'Airs & Menuets, Contre-Danses, Parodies chantés sur les Théâtres de l'Académie Royale de Musique, & de l'Opera-Com. 17 Parties, chaque Partie se vend séparément. 1 l. 4 s.
Recueil de Menuets, Contre-Danses & Vaudevilles chantés aux Comédies Françoise & Italienne, 13 parties. 15 l. 12 s.
Le Troc, Parodie des Troqueurs, avec toute la Musique, 3 l. 12 s.
Airs choisis des Troqueurs, 1 l. 4 s.
Ariettes du Médecin d'Amour, 2 l. 8 s.
Ariettes de l'Heureux Déguisement, 2 l. 8 s.
La Musique de la Pipée, 1 l. 10 s.
Ariettes de Blaise le Savetier, 1 l. 4 s.
Ariettes de l'Yvrogne corrigé, 1 l. 4 s.
Le Recueil de Chansons de Vadé, noté. 1 l. 4 s.
Le Dessert des petits Soupers agréables, ou le Postillon sans chagrin, 1 l. 4 s.
Ariettes de la Bohemienne de la Comédie Italienne, 2 parties. 3 l. 12 s.
Airs choisis de la Bohemienne de l'Opera Comique, 1 l. 4 s.
Ariettes du Chinois, 2 l. 8 s.
La Musique de la Fille mal gardée, 1 l. 16 s.
Vaudevilles & Ariettes des Indes dansantes, 1 l. 4 s.
Vaudevilles & Ariettes de Raton & Rosette, 1 l. 10 s.
Vaudevilles d'Omphale, & de Bastien & Bastienne, 1 l. 4 s.
Ariettes de Ninette à la Cour, 4 parties. 6 l. 18 s.
Musique de la Soirée des Boulevards, 1 l. 4 s.
Vaudevilles & Ariettes du Ballet des Savoyards, 1 l. 4 s.
La Folie du jour, ou les Portraits à la Mode, Vaudeville & Contre-Danse, 12 s.
Musique des Airs d'Acajou, 2 l. 8 s.
Musique des Nymphes de Diane, 2 l. 8 s.
Musique de Cythere assiegé, 1 l. 16 s.
Menuets nouveaux en Concerto, Contre-Danses, 4 parties. 4 l. 16 s.
Les Loix de l'Amour, ou Recueil de différents Airs, 3 parties. 3 l. 12 s.
Amusemens en Duo pour les Vielles, Musettes, Haut-bois, Violons, Flutes, en 6 parties, 7 l. 4 s.
Cantatille nouvelle des Talens à la mode, de M. de Boissi. 1 l. 4 s.
Choix de différents morceaux de Musique, 2 parties. 2 l. 8 s.
L'Yvrogne corrigé, en partition, in fol. 9 liv.

Le volume se vend 12 livres, & le cahier 24 sols; le tout, séparément.

Catalogue des Théâtres nouveaux ou nouvellement réimprimés.

Œuvres de Piron, 3 vol. *in-12*, belles figures, dont les desseins sont de M. Cochin, 9 l.
Œuvres de Boissi, *in-8°*. 9 vol. nouv édit. 36 l.
De Marivaux, Théâtre François & Ital. *in-12*. 5 vol. 15 f.
Théâtre édifiant, ou Tragédies saintes de M. Duché, 3 l.
Théâtre, & autres Œuvres de Fagan, *in-12*. 4 vol. 10 l.
Théâtre de V***, *in-12*. 3 l.
Théâtre de la Grange, *in-8*. 3 l. 10 f.
Théâtre de la Grange Chancel, 5 vol. 10 l.
Théâtre de Romagnesi & Riccoboni, 1 vol. *in-8*. 4 l. 10 f.
Théâtre d'Avise, *in-8*. 1 vol. 3 l. 10 f.
Théâtre de Guyot de Merville, *in-8*. 1 vol. 4 l. 19 f.
Théâtre de Pellelier, *in-8*. 1 vol. 4 l. 10 f.
Théâtre de l'Affichard, *in-8*. 1 vol. 4 l. 10 f.
Théâtre de M. Favart, 1 vol. *in-8*. 5 l.
Théâtre & Œuvres de M. Favart, avec toute la Musique, 6 vol. *in-8*. 30 l.
Le Recueil des airs des Nymphes de Diane, d'Acajou & de Cythere assiegé, du même Auteur, 1 vol. *in-8*. 6 l.
Œuvres de Vadé, ou Recueil de ses Opera Comiques & Parodies, avec les airs notés, 4 vol. *in-8*. 20 l.
Nouveau Théâtre de la Foire ou Recueil de Piéces qui ont été représentées sur le Théâtre de l'Opera Comique depuis son rétablissement, 4 vol. *in-8*. avec les airs notés, 20 l.
Nouveau Théâtre François & Italien, ou Recueil des meilleures Pieces de différens Auteurs, représentées depuis quelques années, 4 vol. *in-8*. 20 l.
Choix de nouvelles Pieces qui ont été représentées au Théâtres François & Italien depuis quelques années, 6 vol. *in-12*. 18 l.
Le Théâtre d'Apostolo Zeno, traduit de l'Italien, 2 vol. *in-12*. 5 l.
Théâtre Bourgeois, ou Recueil de Pieces représentées sur des Théâtres particuliers, *in-12*. 3 l.
Théâtre de Campagne, ou les Débauches de l'Esprit, 1 vol. *in-8*. 4 l. 10 f.
Les Spectacles de Paris, ou le Calendrier Historique & Chronologique de tous les Théâtres, huitiéme Partie pour 1759. Chaque partie se vend séparément, 1 l. 4 f.
Histoire du Théâtre de l'Ac. Royale de Musique en France, depuis son établissement jusqu'à présent, nouvelle édition considérablement augmentée, 1 vol. *in-8*. 1757. 5 l.

LE TURC
GÉNÉREUX,
PREMIERE ENTRÉE.

ACTEURS.

OSMAN, BACHA, *Arlequin*, M. Carlin.
VALERE, *Amant d'Emilie*, M. Rochard.
ÉMILIE, *Amante de Valere*, Me. Favart.
MATELOT, M. Chanville.
MATELOTS & MATELOTES.

LE TURC GÉNÉREUX,
PREMIERE ENTRÉE.

Le Théâtre repréſente les Jardins d'OSMAN, Bacha, terminés par la Mer.

SCENE PREMIERE.
ÉMILIE.

Air : *Quand on a prononcé.*

C'Est Oſman qui me ſuit, ne lui cachons plus rien;
Pour arrêter ſon feu, découvrons lui le mien.

A iij

6 LE TURC GÉNÉREUX,

Avec un Turc ordi- naire, Ce moyen fer-

viroit peu : Mais Osman est débon- naire ;

Je puis risquer cet a- veu, Un Bacha de

cette espece, S'il apprend que j'aime ailleurs,

Aura bien la poli- tesse De réprimer

ses ar- deurs.

SCENE II.
OSMAN, ÉMILIE.
OSMAN.

Air : *Au fond de mon caveau.*

ATCHOU, falamalek,
Mon ame, à ton afpect,
S'enflâme comme un myrthe fec.
Aurai-je le bonheur
D'avoir dans fa primeur
    La fleur
Du rofier de ton cœur ?
L'éclat de tes beaux yeux
M'attire dans ces lieux ;
   Ainfi que le Soleil
Attire les pleurs de l'Aurore,
   A fon réveil :
  Ton vifage divin
Peint la Lune en fon plein ;
Cet aftre eft moins brillant encore
  Que n'eft ton tein.

Air : *Quelle fombre humeur, ma fœur ?*

  Quelle fombre humeur,
    Mon cœur !
   En ma faveur,
Cherchez-vous l'ombre & le filence ?

8 LE TURC GÉNÉREUX;

ÉMILIE.

Non, je me plains fort
Du sort,
Dont le courroux
Me tient captive auprès de vous.

OSMAN.

Air : *Est-ç'que ça s'fait com' ça ?*

Est- ç'que ça s'fait com' ça ? Vous mépri-

sez donc ma tendresse ? Est-ç'que ça s'fait com'

ça ? Savez-vous que je suis Ba- cha ? Da.

ÉMILIE.

Seigneur, ex-cu-sez- donc; Je ne puis

vaincre ma trif- tesse; Seigneur, ex-

PARODIE.

cu-sez donc; Vous n'en sa- vez pas la rai-

OSMAN.   ÉMILIE.

son? Non.   Eh! bien, en qua-tre

mots, Voici l'histoi-re de mes maux.

Air : *Aimons, nous jeune Thémire.*

    Sur les Côtes de Provence,
    Aux lieux témoins de ma naissance,
    Tout combloit mon espérance :
        O sort charmant !
        J'épousois mon Amant.

Air : *Un jour dans un plein repos.*

    Sans prévoir aucun danger,
    Nous ne songions qu'à rire,
    Et tout sembloit protéger
    Notre joyeux délire.
    On faisoit la nôce en plein air,
    Nous dansions au bord de la Mer.

Air : *Eh! gai, gai, gai, Madame la Mariée.*

      Eh ! gai, gai, gai,
      Madam' la marié';

LE TURC GÉNÉREUX,

Cli, cla, cla,
Lira, liron, fa, fa, fa....

Air : *Non, rien n'est si fatiguant que l'emploi d'une Touriere.*

Ah ! quel triste évenement !
Des Forbans, d'un air féroce,
Viennent fort impoliment
Troubler le divertissement ;
Pan, pan, pan, pan, pan, pan, pan.
Sabrant les gens de la nôce,
Pan, pan, pan, pan, pan, pan, pan.

Air : *Je suis un bon soldat, titata.*

Sur ces insolens-là,
Titata,
Mon fier époux s'élance ;
Mais un de ces pervers,
D'un revers,
Le met hors de défense.

Air : *Plus inconstant que l'onde & le nuage.*

Je fais un cri ;
Je maudis le barbare,
Qui me sépare
D'un époux chéri.

Air : *Ma commere, quand je danse.*

Le Corsaire me remarque,
Et pour braver mon dépit,
Il ordonne qu'on m'embarque ;

PARODIE.

Aussitôt on me saisit,
L'un par ici, l'autre par-là....

Air : *Vous chiffonnez mon falbala.*

En agit-on comme cela !
Ah ! méchans, laissez-moi donc là,
Mais on répond à mes discours :

Air : *Eh ! vogue la galere.*

Eh ! vogue la galere,
L'an lere, l'an lere, l'an lere ;
Eh ! vogue la galere,
Et l'on rame toujours.

OSMAN.

Je vous plains fort, ma petite poulette.

ÉMILIE.

Momens si doux, ah ! que je vous regrette !

Sans ces Brigands, que j'étois satisfaite !

Ah ! ah ! la nôce étoit faite.

LE TURC GÉNÉREUX,

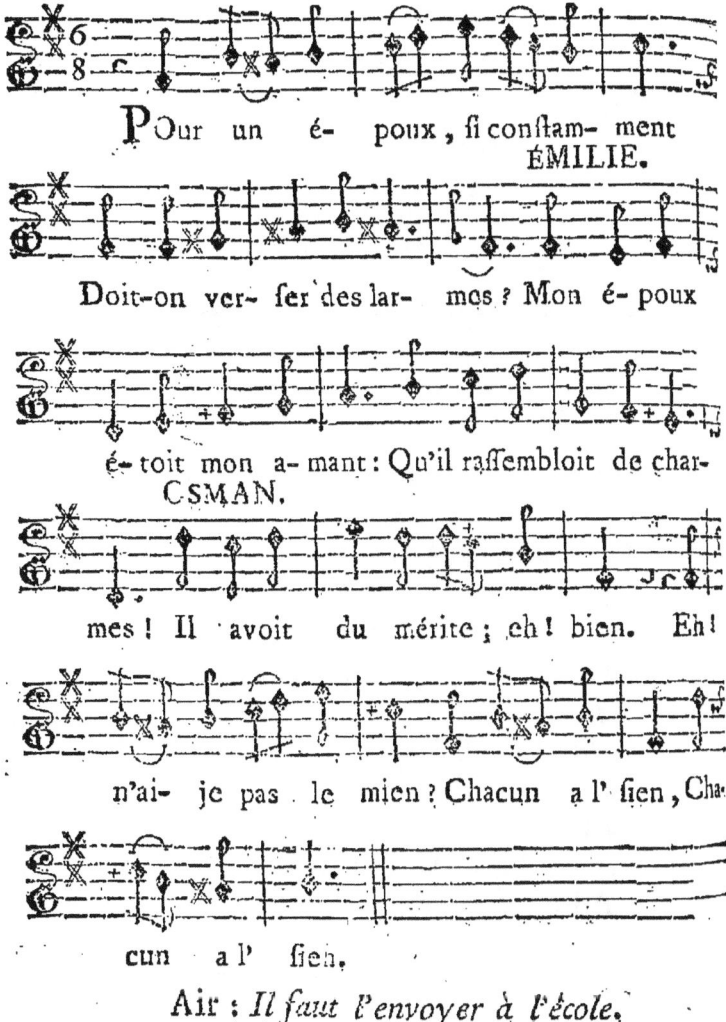

OSMAN.

Pour un é- poux, si constam- ment

ÉMILIE.

Doit-on ver- ser des lar- mes ? Mon é- poux é- toit mon a- mant : Qu'il rassembloit de char-

OSMAN.

mes ! Il avoit du mérite ; eh ! bien. Eh ! n'ai- je pas le mien ? Chacun a l' sien, Cha- cun a l' sien.

Air : *Il faut l'envoyer à l'école.*

Puisque tu ne dois plus revoir
L'objet dont ton ame est éprise,

PARODIE.

C'est sotise
De pousser trop loin le devoir.
Avec l'espoir l'amour s'envole;
Adieu, retiens cette leçon.

(Il sort.)

ÉMILIE.

Adieu donc.
Il faut l'envoyer à l'école.

SCENE III.
ÉMILIE.

Air: *Dans les Gardes Françoises.*

LA mort de mon cher pere
Ma moins navré le cœur,
Que celle de Valere,
Objet de ma langueur.
Il a perdu la vie
Au printems de ses jours.
Hélas! pauvre Émilie,
Adieu donc tes amours.

(Le Théâtre s'obscurcit.)

Quel bruit Su-bit! La nuit Le suit; La tempê-

14 LE TURC GÉNÉREUX,

te s'en mê- le ; Il pleut i- ci, Il tonne auf-
fi ; Il grê- le, Il grê- le.

Air : *De mon Berger volage j'entends le flageolet.*

L'orage fur ma tête
Redouble fon effet ;
Au bruit de la tempête,
S'accorde un flageolet.
Malgré tout le ravage
Qui s'excite dans l'air,
Je veux fur ce rivage
Chanter un petit air.

Ces flots impé- tu- eux, Où tri-omphe l'o-
ra-ge, Sont l'i- mage des cœurs amou- reux.

Ces flots impé- tu- eux, Où tri- omphe l'o-
ra-ge, Sont l'i- mage des cœurs amou- reux.

PARODIE.

Air: *Voilà la difference.*

Le vent met l'onde en fureur,
L'Amour agite mon cœur ;
Voilà la ressemblance.
Je verrai calmer ces flots,
Sans voir la fin de mes maux ;
Voilà la difference.

SCENE IV.

ÉMILIE, CHŒUR DE MATELOTS
qu'on ne voit point.

(*Un Vaisseau battu de la tempête, traverse le Théâtre.*)

CHŒUR.

Air : *A boire, à boire, à boire.*

A L'aide, à l'aide, à l'aide,
A l'orage notre art cede.

ÉMILIE.

Un Vaisseau va périr au Port.
Souvent l'Amour a même sort.

CHŒUR.

Air : *Culbute, culbute à jamais.* Canon.
De quelle mort périrons nous ?

Serons nous noyés par les flots en courroux ?
Par le feu du tonnerre, brûlerons nous tous ?

(Le jour revient.)

ÉMILIE.

Air : *La bonne aventure.*

Je partage tous leurs maux....
Mais je me raffure ;
Car les flots
Sont en repos.
Cela vient bien à propos,
La bonne aventure, ô gai,
La bonne aventure.

CHŒUR.

Air : *Gros nez, gros nez.* Canon.

Dieux ! quel revers !
Quand nous échappons des mers,
Nous tombons ici dans les fers.

ÉMILIE.

Air : *A mon cœur, dans ce séjour, tout peint l'amour.*

Les voilà dans l'esclavage ;
Ah ! quel dommage,
S'ils font amans !
Dans tous les évenemens,
C'est l'amour seul que j'envisage ;
A mon cœur, dans ce séjour,
Tout peint l'amour,
Tout n'est qu'amour.

PARODIE.

SCENE V.
EMILIE, VALERE.

EMILIE.

Air : *Le Seigneur Turc à raison.*

JE vois un de ces Captifs,
Il se désespere ;
Un sentiment des plus vifs
M'intéresse à sa misére ;
Informons-nous de son sort.
Etranger, je vous plains fort....
O Dieux ! c'est vous, Valere.

VALERE.

Air : *Ah ! Pierre ! ah ! Pierre ! j'étois morte sans vous.*

Eh ! quoi ! c'est vous ma chere !

EMILIE.
Quoi ! Valere, c'est vous.
ENSEMBLE.
De mon destin contraire,
Je ne sens plus les coups.

VALERE.	EMILIE.
Ma chere,	Valere,
Ma chere,	Valere,
J'allois mourir sans vous.	J'étois morte sans vous.

B

LE TURC GÉNÉREUX,

VALERE.

Air : *Des pendus.*

Depuis qu'on nous a séparés,
Hélas ! mes soupirs égarés,
Pour vous chercher, courent le monde,
Nuit & jour ils faisoient la ronde.

EMILIE.

Quel discours !

VALERE.

Je suis si surpris,
Que je ne sçais ce que je dis.

EMILIE.

Air : *Amis sans regretter Paris.*

Enfin nous nous revoyons donc.

VALERE.

Mais je vous vois captive.

EMILIE.

Oui, nous avons même Patron.

VALERE.

Ah ! quel bonheur m'arrive.

EMILIE.

Air : *Contre un engagement.*

Seule j'ai cru gémir
Du poids de mes disgraces,
Mon époux vient courir,
Dans les fers sur mes traces ;
Est ce en portant ma chaîne,
Qu'il peut m'en soulager ?
C'est augmenter ma peine,
Que de la partager.

VALERE.

Air : *Au bord d'un clair ruisseau.*

Ce jour est pour mes feux,

PASTORALE.

D'un trop charmant préſage,
Il n'eſt point d'eſclavage
Quand l'amour eſt heureux ;
Aux maux que j'ai ſoufferts,
Succéde un bien ſuprême ;
Ah ! près de ce qu'on aime,
On eſt Roi dans les fers.

EMILIE.

Air : *Les filles de Montpellier.*
Cher époux vous n'avez pas
Tout à fait ſujet de rire.
Apprenez mon embarras :
Le Bacha pour moi ſoupire.

VALERE.

Ahi , ahi , ahi.

EMILIE.

Air : *N'aurai-je jamais un amant, moi qui ſuis jolie.*
Vous vous taiſez.

VALERE.

O déſeſpoir !
Ce Turc vous tient en ſon pouvoir.]
Achevez... je crains de ſçavoir....
Oh ! ma chere Emilie ,
Auriez-vous reçu le mouchoir ?
Vous êtes ſi jolie.

EMILIE.

Air : *L'euſſe-tu cru.*
Non , de barbare en barbare
J'ai toujours eu le bonheur
De conſerver mon honneur.

VALERE.

Rien n'eſt plus rare.

B ij

20 LE TURC GÉNÉREUX,

EMILIE.

C'est que j'ai de la vertu,
L'eusse-tu cru ?

Air : *J'avois cru que Colinet.*

J'ai reprimé le Patron,
Dont mes yeux font la conquête ;
Hélas, ce Turc est si bon...
Est si bon.... qu'il en est bête.
Je l'appréhendois d'abord,
Je songeois à m'en deffendre ;
Mais c'étoit lui faire tort ;
Car il n'ose rien entreprendre.

VALERE.

Air : *Elle est favorable à mes vœux.*

Hélas, dans ce climat sauvage,
Du sentiment sçait-on jouir ?
Le tribut du cœur s'y partage,
Le diviser c'est l'affoiblir :
Un Turc au sein d'un doux loisir,
Offre à vingt beautés son homage,
Chez lui l'Amour sert par quartier,
Vous méritez un cœur entier.

Duo. Cor de Chasse Allemand.

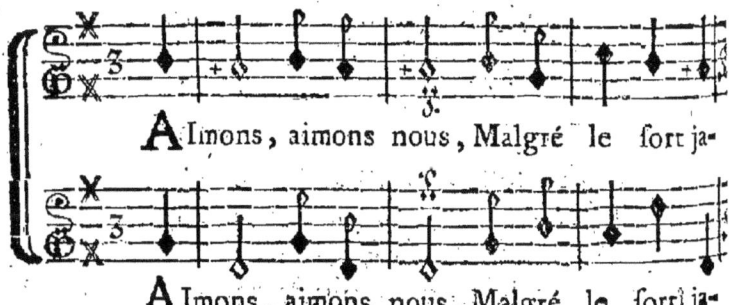

Aimons, aimons nous, Malgré le sort ja-

Aimons, aimons nous, Malgré le sort ja-

PARODIE.

loux. Dans nos ames, Renfermons nos

loux. Dans nos ames, Renfermons nos

flammes ; Que nos feux Ne brillent qu'à nos

flammes ; Que nos feux Ne brillent qu'à nos

yeux. Ai- mons, aimons nous &c.

yeux. Ai- mons, aimons nous &c.

B iij

SCENE VI.

OSMAN, VALERE, EMILIE.

OSMAN.

Air : *Voilà mon instrument des champs.*

AH ! ah ! vraiment je vous entens Tous

deux je vous y prends.

EMILIE.

Air : *Ah ! que Colin l'autre jour me fit rire.*

C'est le Bacha.

VALERE.

Comment fuir sa colere !

EMILIE.

Tout est perdu.

OSMAN.

Quelle ardeur téméraire !
Tremblez, tremblez. Alla balla.
Il se met à rire. Ah ! ah ! ah ! ah ! ah ! ah !

PARODIE.

Air : *Ma chere Atalidette.*

Embraſſez-moi, Valere,
Soyez le bien venu,
 Lure lu,
En mettant pied à terre,
Je vous ai reconnu,
 Lure lu,
Lurelu, lerrela, lanlere.
VALERE.
 Ah !

C'eſt Oſman.
OSMAN.
 Oui dà.

Air : *Oh ! oh ! oh, ma foi voilà du fruit nouveau.*

J'ai fait charger votre équipage,
De macarons & de fromage,
Remontez ſur votre Vaiſſeau.
VALERE.
Oh ! oh ! oh !
OSMAN.
Emmenez l'objet qui vous engage.
EMILIE & VALERE.
Ah ! ah ! ah !
OSMAN.
Vous attendiez-vous à cela ?

Air : *Seigneur, en vérité, vous avez bien de la bonté.*

Cher Seigneur, vous m'avez traité
Tout comme un de vos freres ;
Oui, car vous m'avez racheté

LE TURC GÉNÉREUX,

Quand j'étois aux galeres.
De votre générosité,
Envers vous ici je m'acquite,
Tout au plus vîte.

EMILIE & VALERE.

Seigneur, en vérité
Vous avez bien de la bonté.

OSMAN.

Air ; *C'est ce qu'on n'a point vû de la vie.*

Détalez sans cérémonie.

VALERE.

Mais....

OSMAN.

Point de si, de mais ;
à Valere. à Emilie.
Adieu. Bonsoir ma mie.
Comme un grand Héros je m'en vais ;
Faites danser vos gens, je vous prie,
En mémoire de mes bienfaits.

SCENE VII.
VALERE, EMILIE.
DUO.

Air : De Cythére assiegée. *Brisons les armes,*
renversons les Autels.

Jeunes Amans, avec nous
Embarquez-vous,

PARODIE.

Malgré les vents en couroux ;
Quand l'orage gronde
Sur l'onde,
Bravez son effort ;
Souvent il nous seconde
Et nous conduit au port :
Pour voguer aux plaisirs,
N'attendons pas les zéphirs ;
Les beaux jours,
Sur l'Occean des Amours ;
Sont souvent dangereux,
Plus que les tems orageux.

DIVERTISSEMENT PROVENÇAL.

(*Il paroît un Vaisseau orné de fleurs & de banderolles ; on voit sur le tillac une table couverte de mets & de rafraichissements ; des trompettes se font entendre à la proue & jouent des fanfares, tandis que les Matelots descendent deux à deux, & viennent danser sur le rivage.*

PREMIER VAUDEVILL*,
Noté N°. 1.

UN MATELOT.

PREMIER COUPLET.

Avec l'Amour embarquons-nous,
Le vent est doux,
Les plaisirs seront du voyage.
Si par hazard il s'éleve un nuage,
N'ayez point peur,
Galant vogueur,
Cédez au tems
Quelques instans,
Le calme vient après l'orage.

II.

Iris avoit parlé tout bas,
Au jeune Hilas,
Mon cœur en fut outré de rage :
Je la traitai d'ingratte, de volage,
Sans m'écouter, ma chere Iris,
Me regarda, fit un souris,
Et ce souris calma l'orage.

III.

Damon servoit une beauté,
Dont la fierté

PARODIE.

Prenoit toujours un ton sauvage ;
Finissez donc, Monsieur, soyez plus sage.
Elle se se fâche d'un baiser ;
Il en prend deux pour l'appaiser ;
Le beau tems vient après l'orage.

SECOND VAUDEVILLE.
Noté N°. 2.

PREMIER COUPLET.

Monte sur mon Vaisseau
Gentille passagere,
Tandis que le tems est beau
Voyageons à Cythere ;
Eh ! vogue, vogue donc
Sous l'amoureuse étoile,
Mettons à la voile ;
Dans la belle saison,
Tout vent est bon.

I I.

Courons nous embarquer,
Notre pavillon flote,
Vien, tu n'as rien à risquer,
Je suis un bon Pilote.
Eh ! vogue, &c.

I I I.

Pour voguer surement

LE TURC GÉNÉREUX;

L'Amour est ma Boussole,
L'espérance en est l'Aimant,
Et ton cœur est mon Pole.
Eh! vogue, &c.

IV.

Souvent un bon vogueur
S'endort dans la bonasse;
Moi, j'ai toujours même ardeur
En quelque tems qu'il fasse.
Eh! vogue, &c.

V.

Sur nous lorsque la nuit
Étend son voile sombre,
Le flambeau d'amour nous luit,
Et nous guide dans l'ombre.
Eh! vogue, &c.

VI.

Au milieu du brouillard
Lorsque l'on n'y voit goute,
De manœuvrer je sçait l'art,
Je ne perds point ma route.
Eh! vogue, &c.

VII.

Quand le tems est trop fort,
Des écueils je m'écarte;
Mais pour m'éloigner du port
Je sçais trop bien ma carte.
Eh! vogue, &c.

PARODIE.

VIII.

On ne craint rien en mer
Au printems de notre âge ;
Mais qui s'embarque en hiver
Doit s'attendre au naufrage.
Eh ! vogue, &c.

IX.

UN MATELOT.

Amies faü s'embarquà
A n'en touts en prouvenço ;
Aquieu, n'auren à risqua,
Pas memo l'inconstenço.
Et gay, & gay, & gay,
Préféren la tendresso
　A la richesso,
De bon cor aimaray
　Tant que vivray.

X.

UNE FEMME.

Dens un mondé nouveu
Qu'angon cercà fortuno ;
Aquieu dan mon pastoureu
N'auray millo per uno.
Et gai, &c.

LE TURC GÉNÉREUX,

XI.

LE MATELOT.

Quand l'ou ciel furious
Dens lous flots les trepigno ;
Aquieu, la troupe d'amous
Besiadoment nous guigno.
Et gay, &c.

XII.

LA FEMME, *au Parterre.*

Pouden nous embarqua
S'aven pous eût vous plaïre ;
Qu'aven plus à desoira ?
Bon vent & bon fringaïre.
Et gay, &c.

Fin de la premiere Entrée.

LES INCAS
DU PEROU,
SECONDE ENTRÉE.

ACTEURS.

Huascar-Inca,   M. Rochard.
Carlos, *Espagnol*,   Mlle. Aftraudi.
Phani-Palla,   Mde. Favart.
Un Peruvien, *Confident d'Huafcar*.
Peruviens & Peruviennes.

LES INCAS
DU PEROU,
SECONDE ENTRÉE.

Le Théâtre représente un Désert du Perou, terminé par une Montagne aride, le sommet en est couronné par la bouche d'un Volcan, formée de Rochers calcinés.

SCENE PREMIERE.
CARLOS, PHANI.

CARLOS.

AIR : *Mon p'tit cœur vous n'm'aimez guére.*

Secouëz les préjugés
Dont vous bercent vos grands meres,
Eh! quoi! toujours vous songez

C

A des riens, à des miséres !
Des devoirs vous faites cas !
Mon p'tit cœur vous n'm'aimez gueres.

PHANI.

Excusez mon embarras.

CARLOS.

Hélas !
Vous ne m'aimez pas.

PHANI.

Air : *L'Amour s'est fait chez ma mie.*
Je vous aime sans partage,
Vous déterminez mon choix ;
Mais quand mon cœur suit vos loix,
A l'honneur il fait outrage.

CARLOS.

Eh ! je vous l'ai dit cent fois,
Phani, belle Princesse,
Ces propos sont trop bourgeois,
Soutenez mieux noblesse.

PHANI.

Air : *Damon calmez votre colere.*
Je goûte assez votre éloquence ;
Mais du penchant que j'ai pour vous,
Si mes parens ont connoissance,
Vous m'exposez à leur couroux.

CARLOS.

Bon, à l'insçu de la famille,
Nous nous verrons.

PHANI.

On suit mes pas,
Et je crains trop nos fiers Incas ;
Vous sçavez que quand on est fille

PARODIE.

On fait ce qu'on peut,
Et non pas ce qu'on veut.

CARLOS.
Air : *Pour chanter un Duo, quand l'Amour nous rassemble.*

La fête du Soleil sur ces Monts les rassemble,
Que ne profitons-nous du trouble de leurs jeux ?
Dérobez-vous, cherchez un sort heureux :
Loin d'eux :
Il faut partir ensemble.

PHANI.
Air : *Puisque pour vous je soupire.*
Fuir ensemble tête à tête !

CARLOS.
Quel mal y trouvez-vous donc ?

PHANI.
Parlez-vous tout de bon ?
Mais pour qui me prend-t-on ?
Je suis, Monsieur,
Princesse d'honneur.

CARLOS.
Vous faites l'enfant.

PHANI.
Eh ! mais vraiment,
C'est qu'une pareille proposition n'est point du tout honnête.

CARLOS.
Air : *De M. Exaudet.*

A Mon ar- deur Livre ton cœur,

36 LES INCAS DU PEROU,

L'Amour t'en presse, Cesse ta rigueur, Cesse, Laisse, Laisse moi faire ton bonheur. Hélas! pourquoi Ce vain effroi? La medisance Fait penser à soi.

Phani.

Carlos.

Croi Moi, Rends toi, Pour la décence, Reçois Ma foi; Tes plaintes, Mes craintes, Nos soupirs Vont cé-

PARODIE.

der' aux plai- sirs.

PHANI.
Air : *Oui, vous en feriez la folie.*
Quoi ! je ferois cette folie ?

CARLOS.
Fort sagement
Nous prendrons un arrangement.

PHANI.
Non, non....
Ah ! le fripon !
Comment peut-on
Écouter la raison ?
Laissez-moi donc ;
Car j'en ferois la folie.

CARLOS.
Foi d'Officier,
Mon but est de nous marier.

PHANI.
Je m'en défie.

CARLOS.
Ma chere amie,
Veux-tu me voir souffrir,
Et languir,
Sans me guérir ?

PHANI.
Ah !
Ma vertu dans tout cela
S'oublie.
Oui, j'en ferai donc la folie.

C iij

CARLOS.
Rien n'est si doux.
PHANI.
Mais il faudra s'en prendre à vous.
Air : *Mon Papa toute la nuit.*
Au plutôt tirez-moi donc
De ce séjour détestable.
CARLOS.
Bon : vous avez pris mon ton ;
Ah ! je vous trouve adorable.
PHANI.
Enlevez, enlevez, enlevez-moi.
CARLOS.
Vous devenez raisonnable.
PHANI.
Enlevez, enlevez, enlevez-moi,
J'ai compté sur votre foi.
CARLOS.
Air : *Le premier du mois de Janvier.*
Phani, bien loin de la trahir,
Je veux en tout vous obéir ;
Je n'ai de desirs que les vôtres.
PHANI.
Allez préparer ce qu'il faut,
Et revenez tout au plutôt,
Accompagné de plusieurs autres.
Air : *Contredanse de M. Blaise.*

NE manquez pas D'a-mener vos sol- dats, Il
Si mes pa-rens Font tantôt les méchans, Rof-

PARODIE. 39

faut de la pruden- ce; Mais gardez-
fez les d'importan- ce;

vous, O mon cher E-poux, De vous bat-tre vous-

mê- me; Il faut fon- ger A vous mé-na-

ger Pour celle qui vous ai- me.

SCENE II.

PHANI.

Air ! Ah ! Maman, que je l'échape belle !

VIens, Himen, hâte toi, je t'implore,
  Viens par ta douceur
  Combler l'ardeur
  Qui me dévore :
Viens m'unir au vainqueur que j'adore,

C iv

Fillette à quinze ans
Commence à compter les instans.

Si tu veux que mon cœur t'appartienne,
Himen, dès ce jour
Crains que l'Amour
Ne te prévienne:
Il n'est rien qu'à la fin il n'obtienne;
Ce petit sournois
Fait métier d'excroquer tes droits.

Viens, Himen, hâte toi, je t'implore,
Viens par ta douceur
Combler l'ardeur
Qui me dévore,
Tes attraits sont des biens que j'ignore;
Mais sans les goûter,
Il est permis de s'en douter.

SCENE III.
PHANI, HUASCAR.

HUASCAR.

Air : *Apprenez par ma voix le vrai moyen de plaire.*

Aux ac-cens de ma voix Pha-ni pré-

PARODIE.

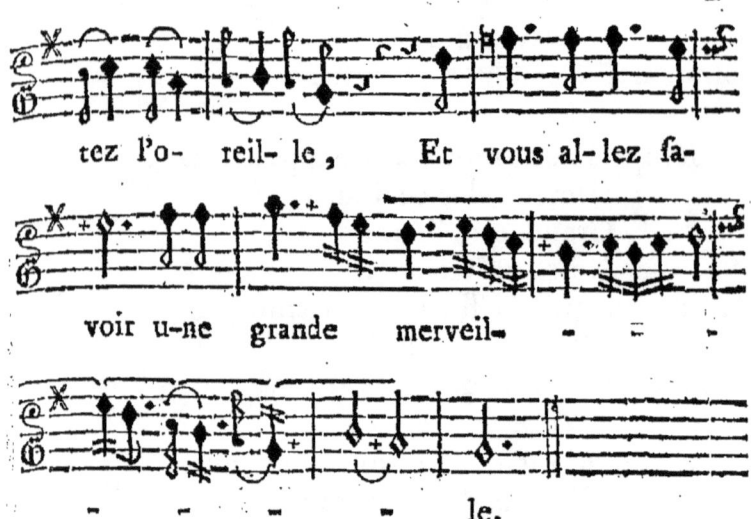

tez l'o- reil- le, Et vous al- lez fa-voir u-ne grande merveil- - - - - - - le.

Air : *Je ne veux plus sortir de mon Caveau.*

Je viens ici de la part du Soleil :
Soumettez-vous à ce qu'il vous demande.
Je viens ici de la part du Soleil,
Vous annoncer un honneur sans pareil :
  Ce Dieu pour vous
  A fait choix d'un Epoux.
Vous frémissez ! c'est le ciel qui commande ;
  Sans réfléchir,
 Princesse, il faut fléchir,
  Et balancer
  C'est l'offenser.

PHANI.

Air : *Je voudrois bien me marier.*

Le Soleil veut me marier !

HUASCAR.

Oui, la chose est certaine.

LES INCAS DU PEROU,

PHANI.

Hélas! qu'il me fasse quartier.

HUASCAR.

La résistance est vaine.

PHANI.

Le Soleil veut me marier !
Il prend bien de la peine.

Air : *Ah ! voyez donc comme il s'y prend le drôle.*

Au nom des Dieux, plus d'un fripon,
Bien souvent nous abuse.

HUASCAR, *à part.*

Il me paroît qu'elle en sçait long.

PHANI.

Ah ! voyez donc !
Ah ! voyez donc !
Est-ce ainsi qu'on m'amuse ?

HUASCAR.

Air : *Jeune Lisette, prête-moi cette houlette.*

Dieux ! quelle injure !
Vous m'accusez d'imposture !
Le Ciel me vengera,
Le Soleil vous en punira.

PHANI.

Ah ! comme il dit cela !
Ah ! comme on le craindra !
La feinte est ridicule.

HUASCAR.

L'Amour leve le scrupule ;
Lui seul te rend incrédule ;
Perfide, ton ame brûle
D'un feu discret.

PARODIE.

PHANI.
Comment avez-vous fait
Pour sçavoir mon secret?

HUASCAR.
Air: *Vous me grondez d'un ton févere.*

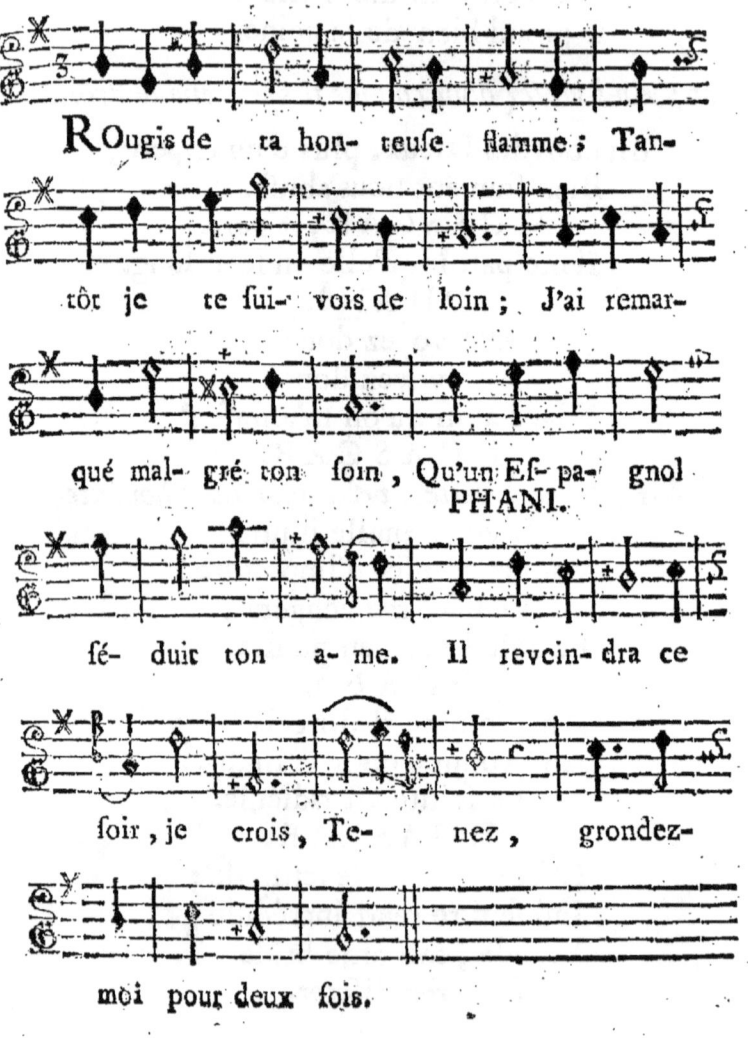

ROugis de ta hon- teufe flamme ; Tan- tôt je te fui- vois de loin ; J'ai remar- qué mal- gré ton foin, Qu'un Ef- pa- gnol

PHANI.
fé- duit ton a- me. Il revein- dra ce foir, je crois, Te- nez, grondez- moi pour deux fois.

HUASCAR.

Air : *Dans le fond d'une Ecurie.*

Non contens de l'avantage
D'avoir enlevé notre or,
Nos vainqueurs ont mis encor
Nos Princesses au pillage.
Si j'en croyois ma fureur....
Bientôt l'objet qui t'engage ;....
Si j'en croyois ma fureur....
Hélas ! que n'ai-je du cœur !

PHANI.

Air : *Entre l'amour & la raison.*

Respectez de pareils rivaux.
Faut-il des miracles nouveaux ?
Vous avez vû loin de la terre
Leurs Villes danser sur les eaux.
A travers de longs chalumeaux,
Ils savent souffler le Tonnerre.

PARODIE. 45

SCENE IV.
PHANI, HUASCAR, UN PERUVIEN.

HUASCAR.

Air : Un peu de tricherie.

Cachons le trouble qui m'agite,
(*A un Peruvien.*)　　(*Il lui parle à l'oreille.*)
On vient. Ecoute-moi : va vîte.
(*A part.*)
Nous allons voir du carillon.
Qu'un torrent de feu nous inonde ;
Il doit périr bien du monde ;
Mais quand on aime entend-on raison ?
　　Un peu de tricherie
　　　Dans la vie
　　Est toujours de saison.

SCENE V.
PHANI, HUASCAR, PERUVIENS, ET PERUVIENNES.

Marche des PERUVIENS, *pour la fête du Soleil.*

HUASCAR.

Air : *Ah ! le bel oiseau, Maman !*

PEUPLE, chantez le Soleil,
Qu'à vos voix l'Écho réponde.
Avec le Chœur.
Brillant Soleil, brillant Soleil,
Tu n'eus jamais ton pareil.
Seul.
La chaleur de tes rayons
Échauffe la terre & l'onde,
Et l'on n'iroit qu'à tâtons
Si tu n'éclairois le Monde.
Peuple, chantez le Soleil,
Qu'à vos voix l'écho réponde.
Avec le Chœur.
Brillant Soleil, brillant Soleil,
Tu n'eus jamais ton pareil.
Seul.
II. COUPLET.
Tu fais mûrir les raisins,
Tu fais pousser les fougeres,
C'est toi qui chauffe les bains

PARODIE.

Où folâtrent nos Bergeres.
Peuple, chantez le Soleil
Dont les faveurs sont si cheres.
    Avec le Chœur.
Brillant Soleil, brillant Soleil,
Tu n'eus jamais ton pareil.
    (*On danse avec des Parasols.*)

HUASCAR.

Air : *C'est ce qui vous enrhume.*
Chez nous il fait beau quand le Soleil luit,
Et quand il fait jour, il n'est jamais nuit,
C'est assez la coutume :
Quand la chaleur cesse, le froid s'ensuit,
C'est ce qui nous enrhume.
    Air : *Ah ! le bel, &c.*
Peuple, chantez le Soleil
Dont les feux chassent la brume.
    Avec le Chœur.
Brillant Soleil, brillant Soleil,
Tu n'eus jamais ton pareil.

HUASCAR.

Air : *Chacun a son tour, liron, lirette.*
Dieu du jour, souffre sans murmure
Que l'on partage tes honneurs.
Ta chaleur est à la Nature
Ce que l'amour est à nos cœurs ;
Grand Soleil, que ta bonté permette
Que nous chantions aussi l'Amour :
    Chacun a son tour,
    Liron, lirette,
    Chacun a son tour.

LES INCAS DU PEROU,

VAUDEVILLE. Noté N°. 3.

PREMIER COUPLET.

Il est un âge où l'on s'ignore,
Le cœur ne peut rien voir encore,
   C'est une nuit :
Le tendre amour est notre aurore,
Sitôt qu'on voit ses feux éclore,
   Un beau jour luit.

I I.

Celle que j'aime est-elle absente,
Hélas ! mon ame est languissante,
   C'est une nuit.
Sitôt que je la vois paroître,
Je sens, je sens mon cœur renaître,
   Un beau jour luit.

(ON DANSE.)

(La fête est interrompue par un tremblement de terre.)

CHŒUR.

Air : *Passant sur le Pont-Neuf entre minuit & onze.*

Quel tintamare affreux
Imite le Tonnerre !
Quel déluge de feux !
Quel Tremblement de Terre !

(Tout le peuple se sauve.)

SCENE

PARODIE.

SCENE VI.
HUASCAR, PHANI.

PHANI.

Air: *C'est la fille d'un Laboureür.*

QUe de fra- cas, que de ru- meurs! Où
Ah! je me meurs! Ah! je me meurs!

courez-vous, mon pe- tit cœur! Ah! j'ai

grand' peur! Ah! j'ai grand' peur! La terre tremble. Restons en- semble. J'ai peur
aus- si de vous, Mon- sieur.

D

HUASCAR.

Air : *Mari' Saliſſon eſt en colere.*

Vraiment le Soleil eſt en colere,
Oh ! oh ! toure louribo !
Vous avez ſçu lui déplaire.

PHANI, *voulant s'enfuir.*
Oh ! oh ! ....

HUASCAR, *l'arrêtant.*

Air : *Toujours ſeule, diſoit Nina.*

Je ne puis rien gagner ſur toi,
Cruelle, écoute moi.

PHANI.
Quoi !

HUASCAR.
Ton mépris me rend furieux.
Je te ſuis odieux,
Dieux !
Mon amour n'entend plus raiſon.

PHANI.
Fripon, vous vous démaſquez donc !

HUASCAR.
Tu me ſuivras.

PHANI.
Quel embarras !

HUASCAR.
Viens....

PARODIE.

SCENE VII.
HUASCAR, CARLOS, PHANI.

CARLOS, *arrêtant* HUASCAR.

Alte là !
Me voilà !

PHANI.

La.

PHANI, à CARLOS.

Air : *Là haut sur ces Montagnes.*

Du haut de ces Montagnes
Voyez rouler ces feux ;
Ils vont dans nos campagnes
Faire un ravage affreux.
Du ciel est-ce un présage ?

CARLOS.

Ces flâmes font l'ouvrage
De ce lâche imposteur.
La cause en est physique,
Il faut que je l'explique
Pour vous tirer d'erreur.

Air : *Pan, pan, pan, la poudre prend.*

Avez-vous battu le briquet ?
C'est à peu près le même effet :

D ij

Quand un caillou tombe en ce gouffre,
Le coup fait allumer du fouffre;
Pan, pan, pan, la flâme prend,
Tout eft en feu dans un inftant.

PHANI.

Air : *Mi mi fa ré mi, chantez, mon petit.*

Vengez-vous de la malice.
Du plus fot de vos rivaux.

CARLOS.

Inventons quelque fupplice.

PHANI.

Qu'un Duo comble fes maux,
Chantez mon ami,
Mi mi fa ré mi,
Mi mi fa ré fol,
Mon cher Efpagnol.

PHANI, CARLOS, HUASCAR.

Air : *Laiffe-moi, Tircis.*

PHANI,
&
CARLOS.
{
Goûtons la douceur
D'un tendre efclavage.
L'Amour enchaîne mon cœur;
Un charme vainqueur
M'attire, m'engage,
M'enyvre au fein du bonheur.

PARODIE.

HUASCAR, *en même tems.*

Quel cruel outrage !
 La fureur
Dévore mon cœur.
 Quelle douleur !
Non, rien n'égale ma rage.
L'Amour comble leur ardeur;
Je vois avec horreur
 Leur bonheur.

SCENE VIII.

HUASCAR.

Air, & *paroles de l'Opera.*

LA flâme se rallume encore,
Loin de l'éviter, je l'implore.

Air : *C'est un Moineau.*

 Quelle valeur
Succéde à ma peur !
Faisons voir de la vigueur,
Mon fier transport
Va braver le sort
 Et la mort.
Oui, terminons sans retour
Ma foiblesse & mon amour;

LES INCAS DU PEROU.

Je suis trop sot pour voir encor le jour.
Abîmons-nous
En amant jaloux,
Dans ces feux étincelans....

Air, & paroles de l'Opera.

Tombez sur moi, rochers brulans.

(*Il se précipite dans le Volcan.*)

Fin de la seconde Entrée.

LES FLEURS.
TROISIÉME ENTRÉE.

Div

ACTEURS.

FATIME,	Mde. Dehesse.
ATALIDE,	Mlle. Astraudi.
TACMAS,	M. Chanville.
ROXANE,	Mde. Favart.
BOSTANGIS & ODALIQUES.	

LES FLEURS,
TROISIÉME ENTRÉE.

Le Théâtre représente les Jardins de Tacmas.

SCENE PREMIERE.
ROXANE, FATIME *en habit d'homme.*

FATIME.

Air : *Ah ! ah ! vous avez bon air.*

ME trouves-tu bien en homme ?

ROXANE.
Fort bien, vous aurez la pomme ;
Ces charmes que l'on renomme
   Feront leur effet.
Ah ! vous avez bon air,   (ter.)
Bon air tout-à-fait.

Air : *J'en jure par vos yeux.*
Mais sous cet attirail,
Fatime, vous allez troubler tout le Sérail ;
On va crier au loup dans ce galant bercail.
FATIME.
Air : *La Fortune ainsi que l'Amour.*
Apprends que la Fête des Fleurs
Qui sera tantôt célébrée,
De ces Jardins permet l'entrée.
ROXANE.
Mais cela n'est point dans nos mœurs.

Air : *Il faut suivre la mode.*
J'ai cru que des Sérails Persans,
En tout tems on gardoit l'enceinte ;
Que mille Eunuques surveillans
Nous tenoient toujours dans la crainte ;
Les Musulmans....
FATIME.
Tous ces gens-là
A Paris ont fait un voyage ;
Depuis qu'ils ont vû l'Opera,
Ils ont changé d'usage.
ROXANE.
Air : *Un jour la jeune Anette sur le bord d'un ruisseau.*
Mais à quoi bon Fatime,
Ce travestissement ?
FATIME.
Certain soupçon m'anime,
Qu'on est folle en aimant !
Car c'est une jalousie

PARODIE.

De fantaisie,
Qui me vient brusquement,
Je ne sçai trop comment.

Air : *Mon petit doigt me l'a dit.*

On dit qu'Atalide est belle,
Tacmas peut m'être infidéle.

ROXANE.

Non, vous possedez son cœur,
Un vain soupçon vous irrite ;
Vous êtes sa favorite.
Goûtez mieux votre bonheur.

FATIME.

Air : *De France & de Navarre.*

Je veux sous ce déguisement
Observer ma Rivale,
Et si Tacmas est son Amant....

ROXANE.

C'est faire un vain scandale ;
Mais la voilà qui vient à nous.

FATIME.

Hélas ! qu'elle est jolie !

ROXANE.

Adieu, vous pouvez entre vous
Disputer de folie.

LES FLEURS;

SCENE II.
ATALIDE, FATIME
ATALIDE.

Air : *Contredanse du Carnaval du Parnasse.*

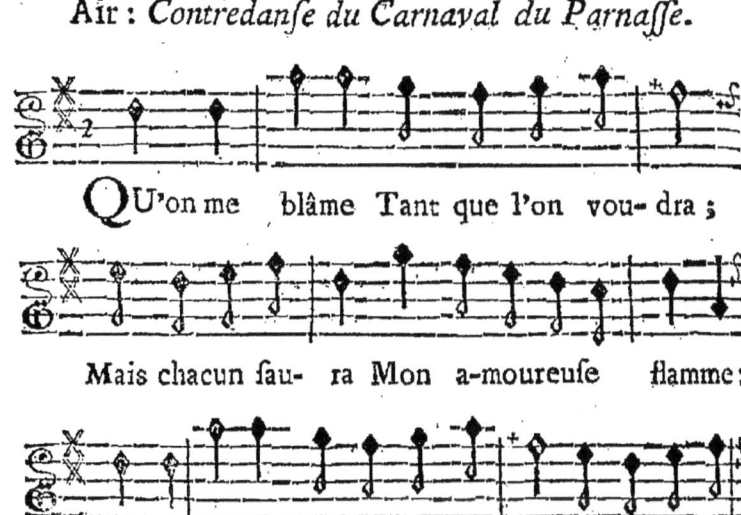

Qu'on me blâme Tant que l'on voudra ;
Mais chacun saura Mon amoureuse flamme ;
Le silence Pourroit m'étouffer ; De la bienfé-

ance Je dois triompher. J'instruirai de mon se-

cret Quelque indiscret ; Mais qu'importe ? L'ardeur

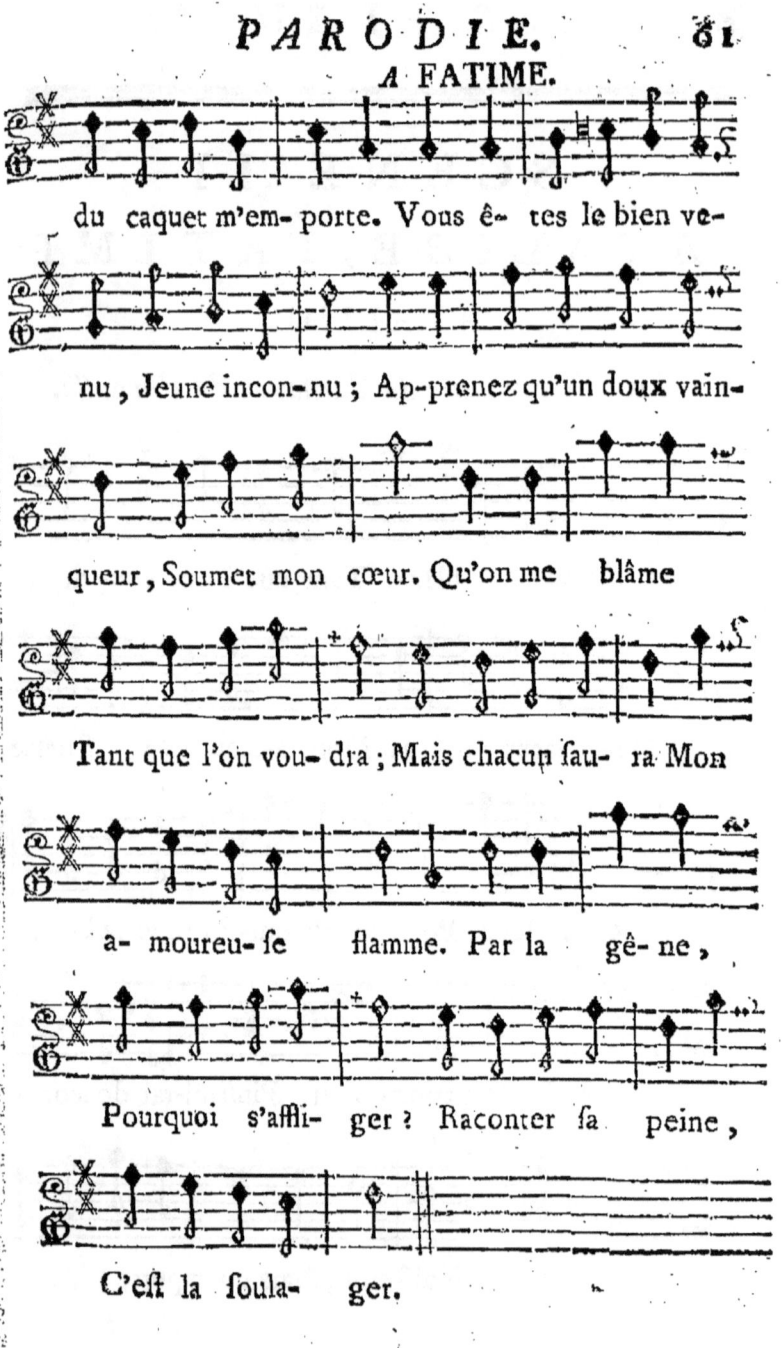

62 LES FLEURS,

Air : *Quel plaisir, quand on s'aime bien.!*
Etes-vous connu de Tacmas ? (*bis.*)

FATIME.
Ma belle Enfant, n'en doutez pas,
Je suis à son service.

ATALIDE.
Hé! bien, c'est mon Amant.

FATIME.
Hélas!

ATALIDE.
Me ferez-vous propice ?

FATIME.
Air : *A quoi s'occupe Magdelon ?*
Votre Amant n'est qu'un inconstant ;
Il partage
Son hommage ;
Un galant qui voltige tant,
Ne peut rendre un cœur content.

ATALIDE.
Mineur.
Mon Amant
N'est point inconstant,
Il n'estime
Que Farime.

FATIME, *l'interrompant.*

O Ciel! que di- tes- vous? Ah! mon cœur

PARODIE.

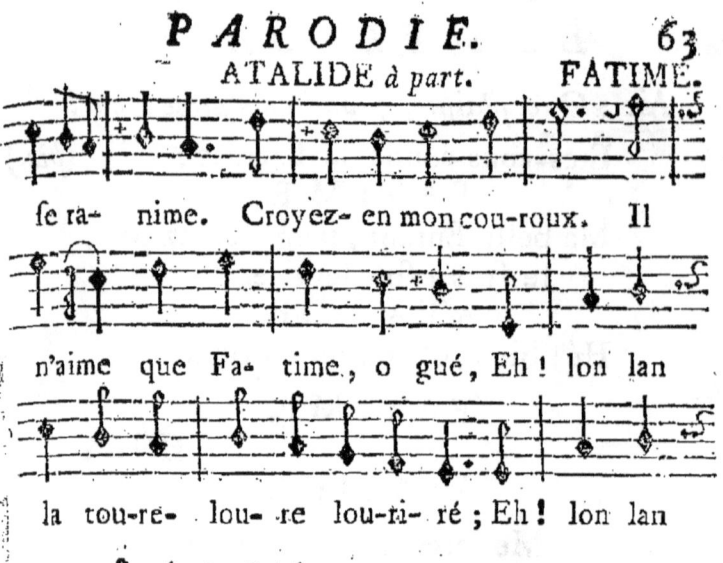

se ra- nime. Croyez-en mon cou-roux. Il n'aime que Fa- time, o gué, Eh ! lon lan la tou-re- lou-re lou-ti-ré ; Eh ! lon lan la toure- loure.

ATALIDE.
Air : *Un Officier, deux Officiers.*
Atalide, observons-nous mieux,
J'apperçois notre Maître.

SCENE III.
ATALIDE, FATIME, TACMAS.

TACMAS.
Que vois-je ! quel audacieux
Ose en ces lieux paroître !
Fatime ! quoi ! c'est vous ?
ATALIDE.
C'est ma rivale ! sauvons-nous.
Ah ! que le tour est traître !

SCENE IV. & derniere.
TACMAS, FATIME.

TACMAS.

Air : *C'est une excuse.*

Mais que veut dire cet habit ?
FATIME.
La jalousie & le dépit
M'inspiroient une ruse :
Je voulois observer vos pas.
TACMAS.
Vous doutez du cœur de Tacmas ?
Mauvaise excuse !
Air : *J'vous prêt'rai mon manchon.*
Sur quoi donc prenez-vous ombrage ?
Mon amour propre en est blessé ;
Sans vous rendre un sincere hommage,
Jamais un jour ne s'est passé ;
Vous m'avez vû toujours d'un même zéle,
Vous prouver mon ardeur fidelle :
La, répondez donc,
Mon cher trognon,
Dit' oui ou non,
Convenez-vous de ça ?
FATIME.
Eh ! mais, oui-dà.
TACMAS.
Ah ! vous conv'nez de ça !

Air

AIRS
ET
VAUDEVILLES,
des
DIVERTISSEMENTS
DE LA PARODIE
DES INDES DANSANTES;
AVEC LE DUO
ET LE TRIO.

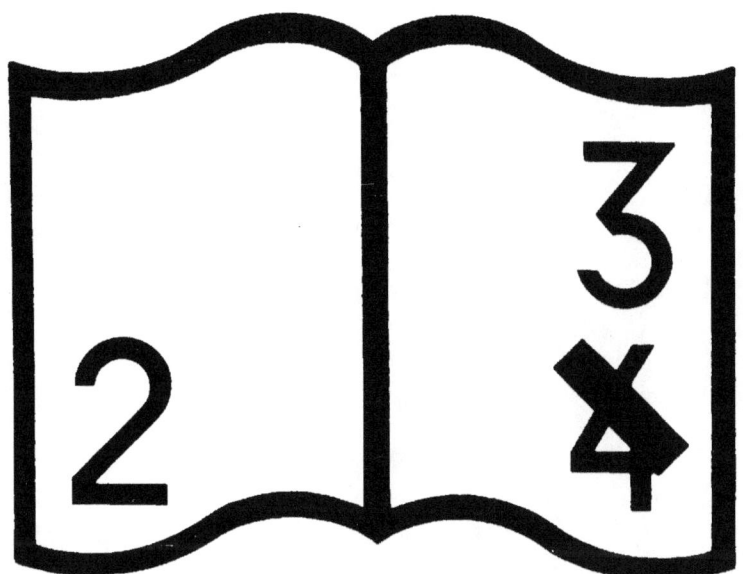

Pagination incorrecte

PREMIER ACTE.

AVERTISSEMENT PROVENÇAL.

N° 1.

Avec l'A-mour embarquons nous, Le

vent est doux, Les plaisirs seront du voya-

ge ; Si par ha-zard, il s'éleve un nu-a-

ge, N'ayez point peur, Galant vogueur, Cédez au

tems Quelques instans ; Le cal- me

vient a- près l'ora- ge.

F ij

VAUDEVILLE.

Gay. N° 2.

MOn- te sur mon Vaif- feau, Gen- tille paf- fa- gere, Tandis que le tems eft beau, Voyageons à Cy- there. Eh! vogue, vogue donc, Sous l'amoureufe é- toile, Met- tons à la voi- le; Dans la belle fai- fon, Tout vent eft bon.

FESTE DES INCAS.

Gay. N° 3.

Il est un âge où l'on s'ignore,
Le cœur ne peut rien voir encore,
C'est une nuit : Le tendre Amour est notre aurore ; Sitôt qu'on voit ses feux éclore, Un beau jour luit.

LA FESTE DES FLEURS.

G.y. N° 4.

Il n'est qu'un tems pour la tendresse, On ne voit

des fleurs qu'au Printems. La Rose renaît

tous les ans ; Sans retour on perd la jeunes-

se. Tendres a- mants, pro-fi-tez des beaux

jours. Cueillez des fleurs au jardin des Amours.

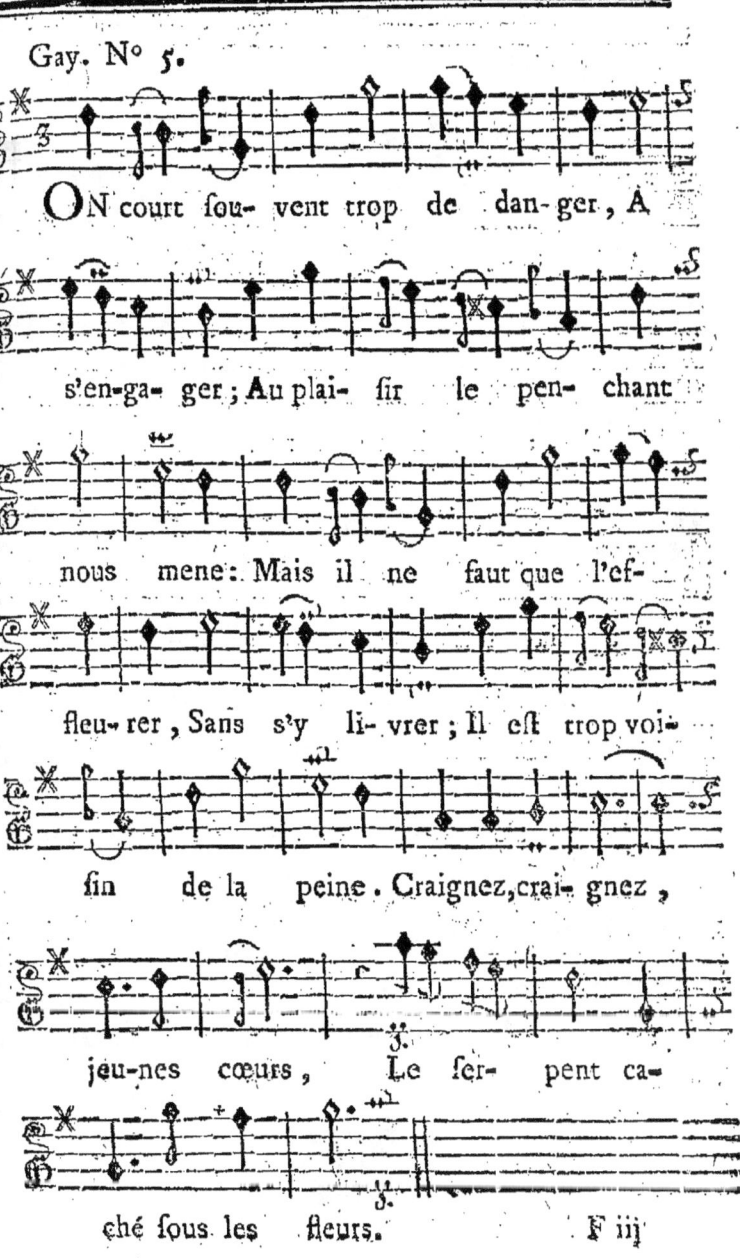

TACMAS *prend les fleurs que lui préſentent les Odaliques & les donne à ſa favorite.*

Gracieuſement.

TAc-mas, en ce moment heureux, Reçois les

vœux Dont ce Bouquet peint l'aſſem-bla-ge : De

leurs ar-deurs, Fa- ti- me, c'eſt le ga-

ge : Prenez, pre- nez ces ten-dres fleurs,

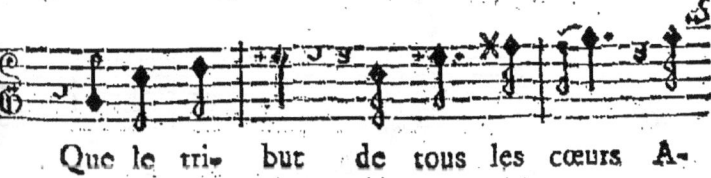

Que le tri- but de tous les cœurs A-

joute un prix à mon hom- ma- ge,

DUO.

Rondement.

AH ! mon cher a-mi, que j't'ai-me, Que

AH ! ma chère en-fant, que j't'ai-j't'aime, que j't'aime ! Aimons nous toujours de me, Que j't'ai-me, que j't'ai-me ! Aimons nous tou-

mê- me, de mê- me, de mê- me ;
jours, toujours de mê- me, de mê- me ;

Près de toi je sens un plai- sir ex- trême,

Près de toi je sens un plai- sir ex- trême,

Tu fe- ras toujours mes beaux jours;

Tu fe- ras toujours mes beaux jours;

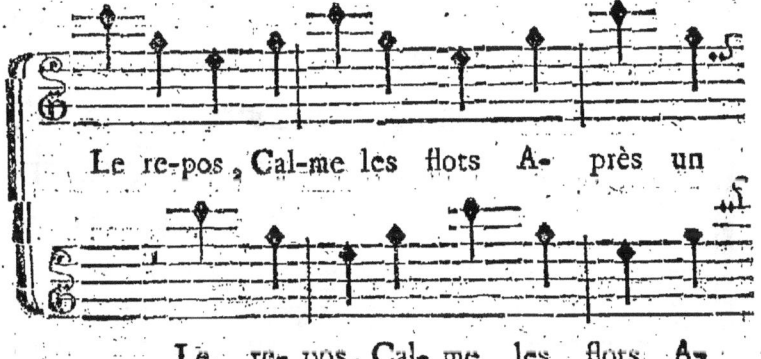

Le re-pos, Cal-me les flots A- près un

Le re- pos, Cal- me les flots A-

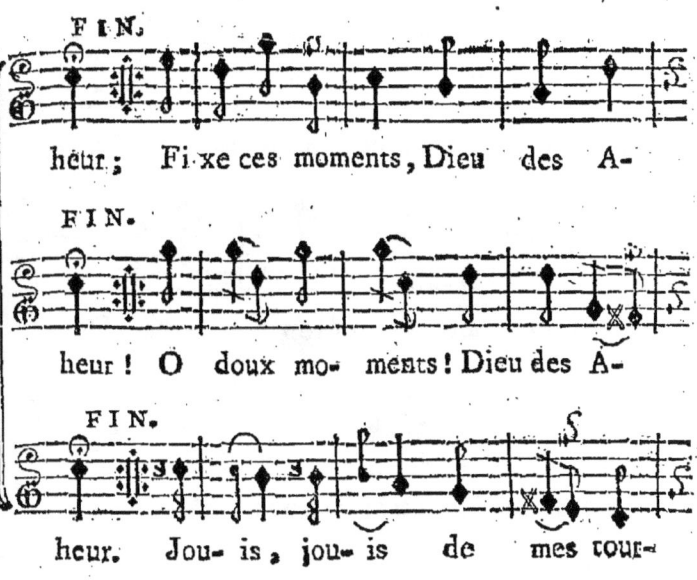

heur; Fi-xe ces moments, Dieu des A-

heur! O doux mo-ments! Dieu des A-

heur. Jou-is, jou-is de mes tour-

mants; Répands — — — — sur

mants. Que de bien-faits! Tu nous

ments: Inhu-maine, Quoi!ma peine Pour ton cœur a

FIN des Indes Danſantes.

LES AMOURS CHAMPÊTRES,

PASTORALE,

Par Monsieur F....

Représentée pour la premiere fois par les Comédiens Italiens Ordinaires du Roi, le Jeudi 2 Septembre 1751.

TROISIÉME ÉDITION.

Le prix est de 24 sols avec les Airs notés.

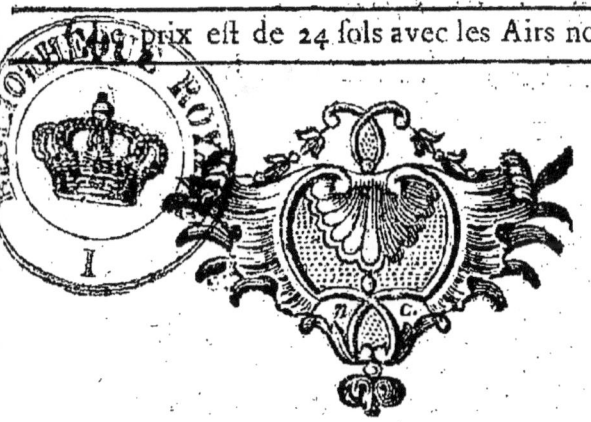

A PARIS,
Chez N. B. Duchesne, Libraire, rue S. Jacques, au-dessous de la Fontaine S. Benoît, au Temple du Goût.

M. DCC. LIX.
Avec Approbation & Privilége du Roi.

ACTEURS.

PHILINTE, *Berger*,   M. Rochard.
HELENE, *Bergere*,   Me. Favart.
LISETTE, *Bergere*,   Mde. Dehesse.
DAMON, *Petit-Maître*,   Mlle. Astraudi.
RICHARD, *Laboureur*,   M. Chanville.
BERGERS, BERGERES.
PAYSANS, PAYSANNES.

LES AMOURS
CHAMPÊTRES.

Le Théâtre repréſente un Payſage agréable; d'un côté eſt un Côteau chargé d'arbres, de l'autre eſt une Prairie entrecoupée de ruiſſeaux.

SCENE PREMIERE.
PHILINTE, LISETTE.

PHILINTE.

AIR: *Que le ſort d'une jeune Bergere.*

NOs Ber- gers vont, au ſon des Mu- ſettes,
J'entends dé- jà de leurs Chanſon- nettes

LES AMOURS CHAMPESTRES,

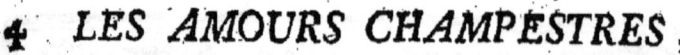

Cé-lé- brer la fê- te du Ha- meau: Aux pla
Reten- tir la Plai-ne & le Cô- teau:

firs inno- cens & tran- quilles, Tous les

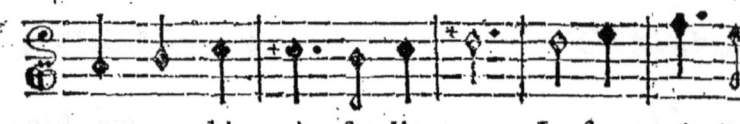

cœurs vont bien-tôt se li- vrer; Je se- rai le

seul dans ces a- sy- les; Qu'une in- grate

fe- ra sou-pi- rer.

LISETTE.
Air : *Ingrat Berger, qu'est devenu.*
Philinte, conte moi tes maux,
Ton chagrin m'intéresse.
PHILINTE.
Chere Lisette, deux Rivaux
    Allarment ma tendresse ;
Hélene a pour eux mille égards,
Et semble éviter mes regards.

PASTORALE.

Air : *Ah ! Nicolas, sois moi fidele.*

Un gros Fermier de ce Village,
Un Petit-Maître de Paris,
De ma Bergere sont épris.
LISETTE.
Va, n'en conçois aucun ombrage.
PHILINTE.
Ils sont plus opulens que moi.
LISETTE.
Sçavent-ils aimer comme toi ?

Air : *De tous les Capucins du monde.*
L'un est un gros Amant rustique,
Dont l'amour brusquement s'explique,
Et l'autre un Freluquet galant,
Que le seul goût des plaisirs touche,
Et qui semble plaindre, en parlant,
La fatigue d'ouvrir la bouche.
PHILINTE.
Air : *Je n'entends plus dessous l'Ormeau.*

Quand je jouois un air nouveau,
    Aussi-tôt ma Bergere
Venoit, au son du chalumeau,
    Unir sa voix légere :
A présent je forme en vain des sons,
J'ai fait des airs exprès pour elle,
    Et l'infidelle
Chante d'autres Chansons.
II. COUPLET.
De porter mon premier bouquet,
Hélene étoit si fiere

A iij

Qu'elle en a paré son corset
Une semaine entiere :
Je lui donne aujourd'hui des barbeaux ;
Sous son mouchoir elle les cache,
Et les arrache,
En voyant mes Rivaux.

LISETTE.

Air : *Je voudrois bien me marier.*

Ce que tu me dis-là, Berger,
Me semble fort étrange.

PHILINTE.

Mon cœur voudroit se dégager,
Puisque l'ingrate change ;
Mais qui l'aime ne peut jamais,
Jamais briser sa chaîne :
Eh ! quel objet a plus d'attraits
Que la perfide Hélene ?

Air : *L'autre jour étant assis.*

» J'aime une ingrate Beauté ;
» Et c'est pour toute ma vie.
» Je n'ai plus de volonté,
» Ma liberté m'est ravie :
» Hélene a des rigueurs ;
» Mais mon cœur les préfere
» Aux plus douces faveurs
» De toute autre Bergere. *

II. COUPLET.

Quand aux champs, dès le matin,
Le soin du troupeau l'appelle,
Le ciel devient plus serein,
Le jour se leve avec elle ;

---

* On passe ce Couplet.

Pour mourir sur son sein,
On voit les fleurs éclore ;
De l'éclat de son tein
La Rose se colore.
III.
Le Rossignol va chantant,
Joyeux de la voir si belle ;
Le Papillon voltigeant
La prend pour la fleur nouvelle ;
Les amoureux Zéphirs
Naissent de son haleine,
Et mes ardens soupirs
La suivent dans la plaine.
IV.
Malgré sa timidité,
Qui la rend plus belle encore,
D'une tendre volupté
Dans ses yeux j'ai vû l'Aurore,
Et sa bouche exprimer,
Par un charmant sourire,
Le doux plaisir d'aimer,
Qu'elle craint & désire.

LISETTE.
Air : *J'ai perdu ma liberté.*
Taisons-nous, je vois venir
Ton rival Petit-Maître ;
Laisse-moi l'entretenir,
Garde-toi de paroître ;
Je sçaurai servir tes feux.

PHILINTE.
Je compte sur ton zèle.
Que c'est un tourment rigoureux
D'aimer une infidelle !

SCENE II.
LISETTE, DAMON.

LISETTE.

Air : Ça n'vous va brin.

IL est encore à sa toilette.
DAMON, *un miroir de poche à la main &*
rajustant ses cheveux.
Qu'on a de peine à s'arranger !
Ah ! vous voilà, belle Lisette.
Comment ! ici sans un Berger !
A propos...

LISETTE.
Quoi ?

DAMON, *continuant de s'arranger.*
Dites-moi vîte....
Avez-vous vû....

LISETTE.
Qui ?

DAMON.
La petite ?
Son minois est original :
Elle n'est point mal,
Point du tout mal.

LISETTE.
Air : De tout tems le jardinage.
Ici vous cherchez Hélene.

DAMON.
La friponne en vaut la peine ;

Et ses charmes innocens
M'offrent l'image riante
De la Nature naissante,
Dans les beaux jours du Printems.
LISETTE.
Air : *Que je regrette mon Amant!*
Mais Richard, ce gros Laboureur,
Peut vous disputer votre Amante;
Etes-vous sûr que votre ardeur....?
DAMON.
Etes-vous sûr? qu'elle est charmante!
Pour en juger, regarde moi,
En meme-tems consulte toi.
LISETTE.
Air : *Comme un Oiseau.*
Tout doit vous céder la victoire.
DAMON.
La petite Hélene a la gloire
De m'attendrir;
Elle a mille attraits en partage;
Mais elle est toujours si sauvage....
C'est à périr.
Air : *Le plaisir passe la peine.*
Dis-lui donc qu'elle s'humanise.
LISETTE.
Mais sa pudeur....
DAMON.
Quelle sottise!
La peine passe le plaisir.
Chez nous la Beauté la plus vaine,
Répond à mon premier soupir;
Le plaisir passe la peine.

LES AMOURS CHAMPESTRES,

Air : *Quand je regarde Margoton.*

Je veux, pour façonner son cœur,
  Emmener ma Bergere ;
Je sçais qu'à Paris sa pudeur
  Va la rendre étrangere ;
Mais dans un mois environ,
  Je te le certifie,
Je sçaurai la mettre au ton
De la bonne compagnie.

LISETTE.

Air : *Mon petit cœur de quinze ans.*

Ah ! que son sort sera charmant ! (*bis.*)
Vous allez borner votre envie
A vous aimer toute la vie.

DAMON.

Souvent c'est assez d'un moment.

Air : *Si ma Philis vient en vendange.*

 A quoi bon se forger des chaînes,
  Et se borner dans ses desirs ?
Pour la fidélité, l'Amour n'a que des peines,
Pour l'inconstance il n'a que des plaisirs.

Air : *Attendez-moi sous l'Orme*, de la Com. Ital.

 Peut-on croire qu'une flamme
 Puisse durer si long-tems ?
 Qui veut soumettre mon ame,
 Doit profiter des instans,

PASTORALE.

Cherche Hélene & l'en informe,
Et dis-lui que je l'attends.

LISETTE.

Attendez-la fous l'Orme.

DAMON.

Air : *M. le Prevôt des Marchands.*

Voici l'image du bonheur :
Quand un Champagne plein d'ardeur
Rit & pétille dans mon verre,
C'est un instant qu'il faut saisir,
Ou bientôt sa mousse légere
Disparoît avec le plaisir.   *(Il sort.)*

SCENE III.
LISETTE.

Air : *Réveillez-vous, belle endormie.*

DE l'amour de ce Petit-Maître,
Philinte a tort d'être allarmé.
Autant que je puis m'y connoître,
Il s'aime trop pour être aimé.

✠

LES AMOURS CHAMPESTRES,

SCENE IV.
LISETTE, RICHARD.

RICHARD, *qu'on ne voit point.*

Air : *L'Amour me fait, lon, lan, la.*

L'Amour me fait, lon, lan, la,
L'Amour me fait mourir.

LISETTE.

Du côté de la Plaine
Je vois Richard venir.

RICHARD.

Hélene, chere Hélene,
Que tu me fais souffrir !
L'Amour me fait, lon, lan, la,
L'Amour me fait mourir.

(Richard paroît.)

Air : *Très-volontiers, fort volontiers.*

Rien ne peut me guérir.
Ah ! te voilà, Lisette,
Veux-tu bian me sarvir
Auprès de ma Brunette ?
A toi j'vians recourir.

LISETTE.

Très-volontiers, fort volontiers.

PASTORALE.

RICHARD.

Ma chere,
J'en pards l'esprit
Et l'appétit.

LISETTE.

Pour vous que faut-il faire?

RICHARD.

PREMIER COUPLET.

Les regards d'Hélè- ne, Dont l'chien d'Amour se

fait un jeu, Ont dans ma Poi- treine Mis tout

en feu; Mais comme un Zé-phire Qui badine

autour d'une fleur, Son charmant sou- ri- re

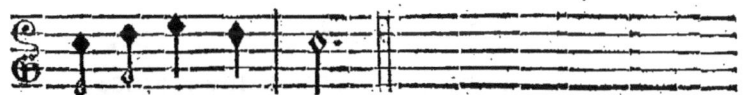
Ra-fraîchit mon cœur.

I I.

Jarni c'est un' rage,
D'jour en jour on m'en voit chémer ;
J'n'avons pû d'courage
Que pour aimer :
A mon labourage,
Morguenne, au lieu de me livrer,
Mon pus grand ouvrage,
C'est d'soupirer.

LISETTE.

Air : *Dans le fond d'une Ecurie.*

A-t-elle des préférences
Pour quelqu'autre ?

RICHARD.

Non, morgué.
J'n'en som' pas moins intrigué ;
J'voudrions des assurances,
Et quand j'en d'mandons....

LISETTE.

Hé ! bien ?

RICHARD.

A' n'répond qu'en révérences.
Palsangué, c'est bel & bien :
Mais tout ça n'guarit de rien.

Air : *Mon petit doigt me l'a dit.*

D'abord j'avois queuque crainte
Que ton grand cousin Philinte

N'obtînt d'elle du retour ;
Mais j'voyons qu'en fille fage
Alle fuit ce parfonnage,
Depis qu'al' fait mon amour.

Air : *Ici je fonde une Abbaye.*

Avec foin par tout je l'épie.
LISETTE.
Et vous ne faites pas fi mal.
RICHARD.
J'n'entendrions pas raillerie,
Si j'avions queuqu'un pour rival.

Air : *Vous voulez me faire chanter.*

Puifqu'Hélene eft dans fon printems
Al' doit en faire ufage ;
Fais-lui comprendre qu'il eft tems
De fe mettre en ménage :
Veut-elle de fon amiquié
Etre toujours fi chiche ?
Et laiffer comm' ça, queu piquié !
Son petit cœur en friche.

Air : *Routes du monde.*

De la femme l'homme eft l'appui :
Morgué, qu'eft ç'qu'al' feroit fans lui ?
J'en parlons à bonnes enfeignes :
Aux veignes faut des échalas ;
Les femelles, comme les veignes,
Sans fouquien ne profitent pas.

LES AMOURS CHAMPESTRES,

LISETTE.

Air : *C'est ce qu'on ne voit guere.*

PRès du vi-gnoble de nos filles, On voit ro-

Richard.

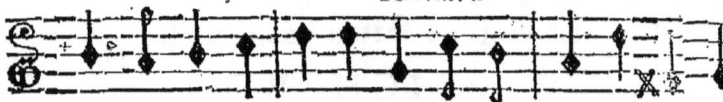

der de malins drilles. Il faut cueil-lir, pour le pl

sûr, Le Rai-sin, drès qu'il est mûr; A venda

ger si l'on n'est pas preste, Tous les Mes-siers on

biau veil-ler, Les moignaux viennent grapil- ler

La rafle est ce qui res- te.

LISET

PASTORALE.
LISETTE.

Air : *O reguingué.*

Craignez sur tout un grapilleur.
RICHARD.
Qui donc ?
LISETTE.

      C'est un petit Seigneur,
D'Hélene il a gagné le cœur ;
Je n'aurois jamais pû le croire :
Il m'a fait part de sa victoire.

RICHARD.

Air : *Margoton a sous le menton.*

Comment donc, ce p'tit libartin
  Prétend me faire outrage !
Je ferons sonner le tocsin
  Sur lui dans le Village.
    Ah ! palsangué,
      Jarnigué,
     Tatigué ,
J'f'rons un biau tapage ;
C'est un petit farluquet ,
Qui n'a que du caquet ;
Et j'allons li bailler son paquet.

B

SCENE V.
PHILINTE, LISETTE.

PHILINTE.

Air ! Ah ! ma voisine, es-tu fâchée ?

Hé ! bien, sçais-tu si mon ingrate
    M'a pu trahir ?

LISETTE.

Chacun de tes rivaux se flatte
    De l'obtenir ;
Mais ici nous ne sçavons guere
    L'art de changer,
Et soupçonner une Bergere,
    C'est l'outrager.

Air : Accorde ta Musette.

Je vois venir Hélene,
Interroge son cœur ;
Mais cache-lui ta peine,
En peignant ton ardeur.

SCENE VI.
HELENE, PHILINTE.

HELENE, *à part.*

Air : *Faites dodo.*

Qu'il est fâcheux
De se contraindre !
Dois-je longtems cacher mes feux ?
Mon tendre cœur ignore l'art de feindre,
Mais l'éclat de ma flamme est dangereux.
Qu'il est fâcheux
De se contraindre !
Dois-je longtems cacher mes feux ?

(*Elle veut se retirer en appercevant Philinte.*)

PHILINTE.

Air : *J'allois traire ma Vache.*

Demeure, ma Bergere,
Je te cherchois en ces lieux :
Ta présence m'est chere,
Ah ! n'en prive plus mes yeux ;
Je languis absent de toi,
Je renais, quand je te voi.

B ij

LES AMOURS CHAMPESTRES,

HELENE.

Air : *Je veux garder ma liberté.*

Que me veux-tu, Philinte ? Hélas !
Ton amour m'inquiette.
De grace ne fuit plus mes pas,
Je veux rester seulette,
   Gardant mon Troupeau,
   Tournant mon fuseau,
   Disant la chansonnette.

PHILINTE.

Air : *Le souci jaunissant.*

Tu daignois t'attendrir
Au récit de ma peine,
A présent tu veux me fuir !
Eh ! que t'ai-je fait, Hélene ?
Ah ! Bergere inhumaine,
Tes rigueurs me font mourir.

Air : *Musette de M. Desbrosses.*

Ces tendres fleurs qui parent la verdure,
Ont parfumé l'haleine des Zéphirs,
De ce beau jour la lumiere est plus pure :
Dans nos hameaux tout se livre aux plaisirs,
Quand le Printems ranime la Nature,
Moi seul, hélas ! j'expire de langueur ;
Mais prends pitié des peines que j'endure,
Et le Printems va naître dans mon cœur.

PASTORALE.

HELENE.

Air : *Berger, je n'ose.*

Non, non, Philinte,
N'aimons plus, brifons des nœuds
Dangereux ;
Toujours la crainte
Trouble les cœurs amoureux.

à part.   Sa trifte plainte
Me fait trop fouffrir.
à Philinte.   Je ne puis guérir
La langueur dont ton ame eft atteinte.
Non, non, Philinte,
N'aimons plus, brifons des nœuds
Dangereux ;
Toujours la crainte
Trouble les cœurs amoureux.

PHILINTE.

Air : *Mais à quoi bon, Fatime,* &c. Des Indes Danfantes.

Écoute la Fauvette
Par fes chants s'animer ;
Elle te dit ; Brunette,
C'eft un plaifir d'aimer.

HELENE.

La Colombe qui foupire,
Semble me dire
Par fon gémiffement,
L'Amour eft un tourment.

LES AMOURS CHAMPESTRES,

PHILINTE.

Air : *A mon cœur dans ce séjour.*

Vois à l'ombre de ce Tremble
Voler ensemble
Deux Papillons ;
Ils formoient deux tourbillons,
L'Amour en un seul les rassemble.
A nos cœurs, dans ce séjour,
Tout peint l'amour,
Tout n'est qu'amour.

HÉLENE.

Air : *Vous voulez me faire chanter.*

Je vis des oiseaux amoureux
Un jour sous ce feuillage,
J'étois attentive à leurs jeux,
A leur doux badinage ;
Mais le premier qui s'envola
Fut le mâle infidele,
J'entends, depuis ce moment-là,
Se plaindre la femelle.

PHILINTE.

Air : *Tout roule aujourd'hui dans le Monde.*
ou : *A l'ombre de ce verd bocage.*

Vois sur cette rive fleurie
Se rassembler ces deux ruisseaux ;

PASTORALE. 23

Ils ne font qu'un dans la prairie,
Rien ne peut séparer leurs eaux :
Unissons nos ames de même.
Par le plus aimable lien ;
Hélene, dans un cœur qui t'aime,
Viens confondre à jamais le tien.

HÉLENE.

Air : *Je vais partir, je vais mourir.*

Berger, malgré moi, je t'afflige ;
Mais il faut cesser de nous voir :
Si j'ai sur toi quelque pouvoir,
C'est la preuve que j'en exige.

PHILINTE.

Je vais partir,
Je vais mourir.

Quand vous entendrez le doux Zéphir, Dans

ces roseaux former quelque plainte, Songez, son-

gez que c'est un soupir Du malheureux Phi-

B iv

24 LES AMOURS CHAMPESTRES,

lin- te, Sur un ra- meau, Quand le Tourte-

reau, Loin de sa com- pagne viendra gé-

mir, Qu'Hélene pense Que son ab-

sence Me fera mou- rir; Que l'eau qui cou-

le entre ces fleurs, Par son mur- mure vous fas-

se en- tendre, Barbare Hé- lene, combien de

pleurs Vous me fai- tes ré- pan- dre.

PASTORALE.   25

HELENE.

Air : *Et non, je n'en veux pas davantage.*

   Sa douleur perce mon ame ;
   Quel pouvoir me fait la loi !
   Je crains d'écouter sa flâme,
     Et je reste malgré moi.

PHILINTE.

   Quand votre cœur se dégage,
   N'en puis-je apprendre la raison ?

HÉLENE.

     Eh ! non, non, non....
   Ne me dis rien davantage.

SCENE VII.

PHILINTE.

J'Ai donc per- du ma chere He- le- ne;

O douleur ! l'ingra- te me fuit : Pourrai-

je ou- blier l'inhu- maine ? Je sens que

mon a- me la suit.

Air : *Amis, sans regretter Paris.*

Je vois venir mes deux Rivaux ;
Auquel dois-je m'en prendre ?
Cachons-nous entre ces roseaux,
Afin de les entendre.

SCENE VIII.

DAMON, RICHARD.

RICHARD.

Air : *Ronde de Platée.*

Allez tendre ailleurs vos paneaux,
Monsieur l'Amoureux volage ;
Car ce n'est pas viande pour vos oiseaux,
Qu'un tendron de ce Village.

PASTORALE,

DAMON.

Air : *Alte-là.*

J'aurai sur toi la préférence.

RICHARD.

D'un vain espoir c'est se barcer,
On doit récompenser
Notre parsévérance.
Pestez, jurez, tout-ci tout-ça,
Bredi breda,
Pati pata,
ata ta pouf, j'm'en soucierons tout com' de ça ;
Ma gentille Bargere,
Sera ma minagere.

DAMON.

Eh ! oui da !

RICHARD.

Air : *Vantez vous-en.*

Quoiqu' je n'foyons pas Gentiz-homme,
Dans not' Village on me renomme.
Al' n'aura pas d'autre que moi,
J'vous tiandrons tête, jarnigoi.

DAMON.

Mon ami, j'ai pitié de toi ;
Mais finis, ton propos m'assomme ;
Hélene aimeroit ce manant !

LES AMOURS CHAMPESTRES;

RICHARD.

Vantez vous en. *(bis.)*

DAMON.

Air : *Ç'a n'se prend pas à poignée.*

Dans mil- le cœurs j'ai re-gné, Sans prendre beau-
Je suis sûr d'a-voir ga- gné Celui de la

RICHARD.

coup de pei- ne ; Il croit dès qu'il a lor-
jeune Hé-le ne.

gné Qu'tout' les bel' sont enflammé- es ; Est-c'qu'on

prend les cœurs à poi- gnée; Comme des lai-

tues pommé- es ?

Air : *C'est l'ouvrage d'un moment.*

Chez nous le cœur d'une maîtresse
Ne se rend pas si promptement,
Il faut soupirer constamment.

DAMON.

On brusque à Paris la tendresse :
C'est l'ouvrage d'un moment.

Air : *J'écoutois de-là son caquet.*

La constance assoupit le goût,
Et le changement le réveille ;
Comme la diligente Abeille,
Je sçais prendre la fleur de tout.

RICHARD.

Air : *Pierrot sur le bord d'un ruisseau.*

Avec ce biau système-là,
Pense-t-il rendre
Sa Belle plus tendre ?
D'un volage alle se rira,
Ou comme un monstre le fuira.
Du côteau je la vois descendre ;
Entre nous deux elle s'expliquera.

DAMON.

Ce n'est pas toi qu'Hélene choisira.

RICHARD.

Ah ! ah ! nous allons voir ça.

SCENE IX.
RICHARD, DAMON, HÉLENE, PHILINTE, *caché.*

HÉLENE.

Air : *Sur cet aveu plein d'appas. De la Chercheuse d'Esprit.*

Je m'éloigne vainement
De cette fontaine ;
Sur ces bords un tendre Amant,
Gémit de sa peine ;
L'Amour insensiblement
Toujours m'y ramene,
Toujours m'y ramene.

RICHARD.

Air : *Il l'attrap'ra.*

Vot' sarviteur.

DAMON.

Venez, petite.
Elle est belle comme un beau jour.
Dans tous les cœurs sa vûe excite
Des desirs, des transports d'amour.
J'espere aussi qu'à mon mérite,
Le vôtre aujourd'hui se rendra.

RICHARD.

Pr.... il l'attrap'ra,
Il l'attrap'ra.

PASTORALE. 31
DAMON.

Air : *Je viens de vous choisir.* De la Chercheuse d'Esprit.

Calmez la vive ardeur
Du feu qui me dévore,
Pourquoi cette rougeur ?
HÉLENE.
Monsieur....
DAMON.
Je vous adore,
D'honneur.
De la pudeur encore !
Fi donc, c'est une horreur.

RICHARD. DAMON.
VOtre a- mour l'af- flige. Vous bais- sez les yeux ! J'en suis furi- eux, Mais, mais très fu-ri-
RICHARD.
eux, vous dis-je. Morgué, sa fu- reur Va gla- cer son cœur.

LES AMOURS CHAMPESTRES,

DAMON.

Air : *Ç'a n'se fait pas.*

Avec moi quand tu seras,
Tu brilleras
Dans un galant équipage :
Dépêchons-nous d'épouser,
Que ce baiser
Soit le gage....

HÉLENE, *repoussant* DAMON.

Tout doux, ne badinez pas.

RICHARD & HÉLENE.

C'a n'se fait pas,
C'a n'convient pas.

RICHARD.

Air : *Ton humeur est, Cathereine.*

Quand vous s'rez ma Minagere
J'écart'rons tout ça d'cheux nous ;
Ces farluquets n'font q'déplaire.

DAMON.

C'est un brutal, un jaloux.

RICHARD.

Si j'avons queuque querelle,
C'a n'fa q'nous ravigoter ;
Palsangué cela s'appelle
Reculer pour mieux sauter.

Air

PASTORALE. 33

Air: *Tré, tré, trémoussez-vous donc.*

RE- ti- rez tous deux dans not' Farme, Je n'en fai-
Car j'avons l'a- miquié pus far-me, Que tous ces

rons que mieux l'amour ; Je n'vous baill'rons pas
biaux Meſſieurs de Cour.

un ca- roſſe ; A quoi ç'fracas eſt- il bon ?

Mais tous les jours s'ront jours de nôce : Tré, tré,

trémouſſez- vous donc, Trémouſſez- vous donc,

mon tro- gnon.

DAMON.
Air : *Ma p'tit' mere.*
Faut-il être ſi fiere,
Surtout avec un Seigneur ?

C

LES AMOURS CHAMPESTRES,

Hélene est la premiere
Dont j'éprouve la froideur :
Ma p'tit' mere, ma cher' mere,
Ma p'tit', ma p'tit', ma cher' mere,
C'est une misere,
De me tenir rigueur.

HÉLENE.

Savez-vous quelles sont nos loix ? Savez-

vous quel- les sont nos loix ? L'Amour naïf

regne en nos bois. Nos cœurs n'é- coutent que

sa voix. L'amant sin- cere ob-tient des

droits; Seul il mé- ri- te no-tre choix.

PASTORALE.
Air : *Le tout par nature.*

Nos discours n'ont point de fard,
L'ntérêt est à l'écart ;
Notre sentiment ne part
Que d'une source pure ;
Ici nous aimons sans art,
Le tout par nature,

DAMON.

Air : *Madame Olimpe.*

Vous décidez pour moi, Mignonne ;
Je suis si franc que rien n'est tel.

RICHARD.

Vous trouvarez en ma parsonne
Un bon amour tout naturel.
ENSEMBLE.
Ah ! ma chere maîtresse.
DAMON.
Répondez donc à ma tendresse.
RICHARD.
Répondez donc à ma tendresse ;
Car c'est qu'c'est là mon seul désir,
Car, tenez, c'est qu'ça m'f'ra bien du plaisir.

DAMON.

Air : *Ah ! le bel oiseau, maman !*

N'écoutez point ce manant,
D'un rien il prendroit ombrage.
C ij

RICHARD.

De ce petit inconstant,
N'acoutez point le langage.
Ah ! le bel oiseau vraiment,
Que vous auriez en partage !
Ah ! le bel oiseau vraiment
Que vous auriez pour amant !

Air : *J'aime, je ris, je bois, je chante.*

Le Rossignol fait son ramage,
Tant qu'il jouit de sa liberté ;
Mais il se tait, s'il est en cage,
Et rien ne réveille sa gaité.
D'un Petit-Maître c'est l'image ;
Il aime d'abord avec excès ;
Il chante avant le mariage :
On ne l'entend plus chanter après.

DAMON.

Air : *Bouchez, Nayades, vos fontaines.*

Quand l'amour est las du ménage,
La liberté nous dédommage :
Ce n'est plus que chez les Bourgeois
Que l'hymen est un esclavage ;
On goute à présent sous ses loix,
Tous les agrémens du veuvage.

RICHARD.

Air : *La jeune Abbesse de ce lieu.*

Tranchons des discours superflus,
Et qu'Hélene entre nous décide.

PASTORALE.

HÉLENE.
J'aime, je ne m'en défends plus,
Pardonnez à mon cœur timide ;
Mais je crains, en nommant un époux,
Le courroux d'un rival jaloux.

DAMON.
Air : *Réveillez-vous, belle endormie.*
Un cœur est maître de lui-même.

RICHARD.
L'Amour seul doit donner des loix.

PHILINTE *à part, dans le fond du Théâtre.*

Qu'ai-je entendu !

DAMON & RICHARD, *à part.*

C'est moi qu'on aime.

PHILINTE.
Elle va faire un autre choix.

DAMON.
Air : *Est-ce de toi qu'il veut parler ?* De la Coquette
sans le sçavoir.
Mon cœur, n'ayez aucun souci,
Je sçaurai vous défendre.

RICHARD.
J'sçaurons bien la défendre aussi.

PHILINTE, *à Lisette, dans le fond du Théâtre.*

Lisette, viens entendre.
L'ingrate Hélene, justes Dieux !....
Je vais expirer à ses yeux.

SCENE X.

HÉLENE, DAMON, RICHARD, PHILINTE, LISETTE.

HÉLENE.

Air : *Le Seigneur Turc a raison.*

JE vais faire en ce moment
Un aveu sincere :
Tous deux vous faites serment
De voir mon choix sans colere.

RICHARD.

Oui, prononcez hardiment.

PHILINTE, *dans le fond du Théâtre.*
O ciel !

DAMON.

Nommez votre amant.

HÉLENE, *choisissant Philinte qu'elle a remarqué.*
Voici qui je préfere.

PHILINTE.

Air : *L'Amant fidele.*
J'ai la victoire.
J'ai peine à croire....

PASTORALE.

HÉLENE.

Séche tes pleurs.
Nos craintes cessent,
Nos plaisirs naissent:
Joignons nos cœurs.

Air : *Réveillez-vous, belle endormie.*
(à Damon.)
Un cœur est maître de lui-même.
(à Richard.)
L'Amour seul doit donner des loix.
Tous deux, suivant votre système,
Vous devez garantir mon choix.

RICHARD.

Air : *Le beau Dion.*

Morgué, ceci passe le jeu.

HÉLENE.

à Richard.   *à Damon.*
Vous aimez trop ; Et vous trop peu.
Je ne veux point pour mon époux,
D'un inconstant ni d'un jaloux.

DAMON.

Air : *Songez-vous que je suis la Veuve.*

Cet Arrêt est, sur ma parole,
Délicieux.
Richard gémit & se désole,
Moi je fais mieux;

LES AMOURS CHAMPESTRES,

Sans adieu, Bergere adorable,
Je vous attends au bout du mois.
La sotte d'un Berger fait choix,
Au mépris d'un Seigneur aimable !
C'est un goût, foi de Chevalier,
Singulier,
Mais, mais, fort singulier,
Mais, mais, fort singulier.

(*Il sort.*)

RICHARD.

Air : *La fille de Village.*

De leur flamme traîtresse,
Morguenne, vengeons-nous.

PHILINTE.

Je craignois ta tendresse,
Je crains peu ton courroux.

RICHARD.

Qu'al' garde son Philinte.
Pourquoi tant me troubler ?
Avec l'doux jus d'ma pinte,
J'allons nous consoler.

(*Il sort.*)

LISETTE.

Air : *Tout cela m'est indifférent.*

Tout répond à votre désir ;
Il faut se livrer au plaisir.

PASTORALE.

La troupe des Bergers s'avance :
On va, sous ces ombrages frais,
Donner le prix de la constance
Aux deux Amants les plus parfaits.

SCENE XI. & derniere.
HÉLENE, PHILINTE.

HÉLENE.

Air : *Est-ce ainsi qu'on prend les Belles ?*

ME pardonnes-tu, Philinte,
D'avoir éprouvé ton cœur ?
Tes Rivaux causoient ma crainte ;
J'appréhendois leur fureur :
Par une innocente feinte,
Je couronne ton ardeur.

PHILINTE.

Air : *Entre l'amour & la raison.*

Si les feux de tous les Amans,
Et leurs transports les plus ardens
Étoient réunis dans mon ame,
Hélene, ô mon plus cher trésor !
Ils ne pourroient payer encor
Une étincelle de ta flamme.

PHILINTE & HÉLENE.

DUO.

Air : *Ah ! Madame Anroux.*

Que nos nœuds charmants
Aux parfaits Amants
Servent de modeles ;
Bergers amoureux,
De deux cœurs fideles
Couronnez les feux.

PHILINTE.

Amour, que tes faveurs
Ont pour nous de douceurs !

HÉLENE.

Amour, rends éternelles
Nos sinceres ardeurs.

ENSEMBLE.

Que nos nœuds charmants
Aux parfaits Amants
Servent de modeles ;
Bergers amoureux,
De deux cœurs fideles
Couronnez les feux.

PASTORALE.

DIVERTISSEMENT.

Les Bergers & Bergeres descendent deux à deux du Côteau.

DANSE PASTORALE.

Les Bergers présentent une Couronne à HÉLENE, *& les Bergères une autre à* PHILINTE.

PHILINTE.

Qu'en ce jour, tendre Mu- sette,

L'Echo ré- pe- te Tes ac- cens; Hé-

lene enfin s'enga-ge, Et par- tage Mes transf-

ports ar- dens. Tu n'ofois te plain-

LES AMOURS CHAMPESTRES;

dre, Ni lui pein- dre Ma lan- gueur,

mes sou- pirs, Après tant de pei-

ne, Hé- le- ne Permet de chan-

ter mes plai- sirs.

UN BERGER *chante sur le même air*:

 La Bergere qui m'engage
  Craint le langage
  De l'Amour.
 Il faut que ma Musette
  Plus discrette
 S'exprime à son tour.
 Quand je fais entendre
  D'un air tendre
 Les accords amoureux,
 Ma chere Thémire
  Soupire,
 Et paroit sensible à mes feux.

PASTORALE.
UNE BERGERE.

LE Berger Sil- van- dre N'ose m'apprendre

Son ardeur. Il se tait ; mais sa Mu-sette Est

l'in- ter- prete De son cœur. Qu'il est dange-

reux de l'en- ten- dre ! Je crains d'écou- ter

ses ac- cens ; Et je ne sçau-rois m'en défen- dre.

Hé- las ! par quels charmes puissants L'enchan-

teur sçait- il me sur- pren- dre ! Il trou-

PASTORALE. 47

voix trop indif- cre- te S'é- lé-
- - - - ve, & s'u- nit à ses sons.
Le Berger Sil- van-dre N'ose m'apprendre
son ar- deur. Il se tait; mais sa Mu- sette Est
l'in- ter- prete De son cœur.

FIN.

Le Privilége & l'Enregistrement se trouvent aux Œuvres de l'Auteur.

Catalogue de Parodies & Opera Comiques.

De M. FAVART.

Moulinet premier.
La Chercheuse d'Esprit.
Le prix de Cythère.
Le Coq du Village.
Acajou, Opera Comique.
Musique d'Acajou.
Amours Grivois.
Le Bal de Strasbourg.
La Servante justifiée.
Hippolite & Aricie.
Les Batteliers de S. Cloud.
La Coquette sans le sçavoir.
Thésée, Parodie.
Cythere assiégé.
Musique de Cythere assiégé.
L'Amour au Village.
Amans inquiets.
Les Indes dansantes.
Musique des Indes dansantes.
Les Amours champêtres.
Fanfale.
Raton & Rosette.
Musique de Raton & Rosette.
Tircis & Doristhée.
Baiocco.
Les Amours de Bastien & Bastienne.
Le Bal Bourgeois.
Zéphyre & Fleurette.
La Fête d'Amour, Comédie.
Les jeunes Mariés.
La Bohemienne, Comédie.
La Musique de la Bohem. 2 Parties.
Les Chinois.
La Musique des Chinois.
Les Nymphes de Diane.
Musique des Nymphes de Diane.
Ninette à la Cour.
La Musique de Ninette, 4 parties.
L'Amour impromptu, Parodie.
Le Mariage par escalade.
La Répétition interrompue, Op. C.
Les Ensorcelés, ou Jeannot & Jeann.
La Nôce interrompue.
La Fille mal gardée, Parodie.
La soirée des Boulevards.
La Musique de la soirée.
Petrine, Parodie de Proserpine.

De M. VADE.

La Fileuse, Parodie.
Le Poirier, Opera Comique.
Le Bouquet du Roi.
Le Suffisant.
Les Troqueurs & le Rien, Parodie.
Airs choisis des Troqueurs.
Le Trompeur trompé.
Il étoit tems, Parodie.
La nouvelle Bastienne, avec la Fontaine de Jouvence.
Les Troyennes de Champagne.
Jerôme & Fanchonnette, Pastorale.
Le Confident heureux.

Follette ou l'Enfant gâté.
Nicaise, Opera Comique.
Les Racoleurs, Opera Comique.
L'Impromptu du cœur.
Le mauvais plaisant, Opera Com.
Les Canadiennes, Comédie.
La Pipe cassée, Poëme.
Les Bouquets Poissards.
Les Lettres de la Grenouillere.
Oeuvres posthumes, faisant le Tome quatrième, contenant les Amans constans jusqu'au trépas, des Fables & Contes, des Chansons avec la musique, & divers morceaux de Poësie, &c.

De M. ANSEAUME.

Le Monde renversé.
Bertholde à la Ville, avec les Ariettes.
Le Chinois poli en France.
Les Amans trompés, Opera Com.
La fausse Aventuriere.
Le Peintre amoureux de son Modele.
Le Docteur Sangrado, Opera Com.
Le Medecin d'Amour.
Les Ariettes du Medecin d'Amour.
Cendrillon.
L'Ivrogne corrigé, Opera Comique.

Suite des Opera Comiques de differens Auteurs.

Le Troc, Parodie des Troqueurs avec la Musique. 3 liv. 12 sols.
Le Retour favorable.
La Rose ou les Fêtes de l'Hymen.
Le Miroir Magique.
Le Rossignol, avec la Musique.
Le Dessert des Petits Soupers.
Le Calendrier des Vieillards.
La Coupe enchantée.
Les Filles, Opera Comique.
Le Plaisir & l'Innocence.
Les Boulevards.
L'Ecole des Tuteurs.
Zephire & Flore.
La Péruvienne.
Les Fra-Maçonnes.
L'Impromptu des Harangeres.
La Bohemienne, avec la Musique.
Le Diable à quatre, avec les Ariettes.
Les Amours Grenadiers.
La Guirlande.
Le Quartier Général, Opera Com.
Le Faux Dervis, Opera Comique.
Le Nouvelliste, Opera Comique.
Gilles, Garçon Peintre.
Le Magazin des Modernes.
L'heureux Déguisement.
Les Ariettes de l'heureux Déguisem.
La Parodie au Parnasse.
Blaise le Savetier, Opera Comique.
La Musique du même.
Le Retour de l'Opera Comique.

FANFALE,

PARODIE D'OMPHALE,

EN CINQ ACTES;

AVEC DES DIVERTISSEMENS.

Par Mrs. FAVART & MARCOUVILLE.

Représentée pour la premiere fois par les Comédiens Italiens Ordinaires du Roi, le Mercredi 8 Mars 1752.

Le ... est de 30 sols avec les Airs notés.

A PARIS,

Chez N. B. DUCHESNE, Libraire, rue S. Jacques, au-dessous de la Fontaine S. Benoît, au Temple du Goût.

M. DCC. LIX.

Avec Approbation & Privilége du Roi.

ACTEURS.

OCCIDE, *Commandant des Houzards*,   M. Rochard.

TITI, *Lieutenant des Houzards*,   Me. Deshayes.

FANFALE, *Dame du Village*,   Me. Favart.

GRISEMINE, *Sorciere*,   M. Chanville.

Le Premier MARGUILLER,   M. Desbrosses

LISETTE, } *Suivantes de* } Mlle. Catinon.
MIMI, } *Fanfale*, } Mlle. Aftraudi, C

Paysans, Houzards, Braconniers, Diables, Monstres, &c.

FANFALE,
PARODIE D'OMPHALE.

Le Théâtre repréfente un Village. On voit d'un côté le Château de Fanfale, & de l'autre le lieu où l'on rend la Juftice.

ACTE PREMIER.
SCENE PREMIERE.
TITI, *feul*.

Air : *Adieu mon cher la Tulipe*, &c.

L'Amour qui me cherche noife,
Remplit mon cœur de fon feu,
Cela me rend, ventrebleu,
D'une humeur trifte & fournoife.
S'enflâmer pour fa bourgeoife,
  C'eft le jeu ;
Mais je rifque un peu.

A ij

FANFALE,
Air : *J'ai perdu ma liberté.*
Sans songer à mon état,
Follement je m'engage :
Fanfale, pour un soldat,
Est d'un trop haut étage :
Mais malgré sa dignité,
Son air fripon m'attire.
Ah ! quelle étrange cruauté
D'aimer sans l'oser dire.

        (*On joue la marche des Dragons.*)
Air : *Nous autres bons Villageois.*
Je ne songe qu'à l'amour
Tandis qu'Occide suit la gloire ;
J'entends le bruit du tambour
Qui nous annonce sa victoire.
Occide est un fier Commandant,
Moi, son poltron de Lieutenant ;
Je sers sous un grand Général,
Mais, ma foi, je l'imite mal.   (*bis.*)

SCENE II.
OCCIDE, TITI, HOUZARDS *de la suite* D'OCCIDE.

(*La Simphonie joue d'abord la Marche suivante, avec un accompagnement de Tambour.*)

OCCIDE.

DEs in-solens ont bra-vé, La Dame   du vil-

PARODIE D'OMPHALE. 5

la- ge; Mais en ce jour ils ont tous é-prou-

vé, L'effet de mon coura- ge, Re-tenez
                                         Au milieu

Prisonniers les bracon- niers prenez soin de leurs
de nos jeux tantôt je veux les offrir à ses

armes :   Ça prépa-rez vous il faut mes en-
charmes.

fans Donner un bouquet à Fanfa- le, La bonne

Dame depuis longtems chez elle nous re-ga- le.

(*Les Houzards sortent.*)

A iij

SCENE III.
OCCIDE, TITI.

OCCIDE.

Air : *Mais je sens mon cœur qui soupire.*

DEs fureurs d'un loup plein de rage,
Mon bras a sauvé ces cantons,
J'ai purgé tout le voisinage,
De Braconniers & de fripons.
Cher Titi.

TITI.

Que voulez-vous dire ?

OCCIDE.

Ah !

TITI.

Seigneur
A votre bonheur
Tant d'exploits ne peuvent-ils suffire ?

OCCIDE.

Entens-tu mon cœur qui soupire.
Air : *Vous en venez.*
Que sert une gloire si belle ?
L'amour me tourne la cervelle.

TITI.

Ah ! ma foi, vous me surprenez,

PARODIE D'OMPHALE. 7

Vous en tenez,
Vous en tenez,
Oui, je vois bien que vous en tenez;
Que vous en tenez.

OCCIDE.
Air : *Jean Gille, mon gendre.*
Oui, mon penchant m'entraîne,
Vers l'objet le plus doux.

TITI.
Que ne le suivez vous,
Mon brave Capitaine ?

OCCIDE.
Air : *Parbleu, c'est une autre affaire.*

J'Aime d'un amour ti-mide. Je ne connois

plus Oc- cide, Quel ob- jet vous atten- drit ?
OCCIDE.

Fanfale a trop sçû me plaire, Et j'en perds
TITI.

l'es- prit. C'est u- ne autre affai- re.

A iv

FANFALE,

Air : *Ce sont les filles de la Chapelle.*

Souvenez-vous que Grisemine
Vous a suivi dans vos exploits;
Elle est pire que Proserpine,
Sur votre cœur elle a des droits.

Air : *A l'envers.*

Un himen avec son calcul
Devient nul,
Elle fait tonner, pleuvoir,
Tout mouvoir,
Elle met tout l'Univers,
A l'envers.

OCCIDE.

Air : *J'aime une jeune Brunette.*

D'Un ob- jet rempli de charmes, On veut

fuir l'at- trait vainqueur; La fier- té qui

prend les armes N'en def- fend pas no-tre

cœur: On sent un trouble en soi- même; On com-

PARODIE D'OMPHALE.

mence à s'al-lar-mer; Mais he-las! dé-jà l'on

aime, Si-tôt que l'on craint d'ai-mer.

TITI.

Air : *Ici l'on fait ce que l'on veut.*

Occide chante des Brunettes !
Ce guerrier qui répend l'effroi,
Débite aujourd'hui des sornettes !
Il est presque aussi sot que moi.

PRÉLUDE.

Air : *Je ne sçais pas écrire.*

Tout le hameau vient en ces lieux
Chanter vos exploits glorieux,
  D'une ardeur sans égale.
Vous rendez ces Manans heureux,
Voyez leurs danses & leurs jeux.

OCCIDE.

Je ne vois que Fanfale.

SCENE IV.

OCCIDE, FANFALE, TITI, LES MARGUILLIERS, *Troupe de Paysans.*

(Marche des Paysans qui viennent saluer Occide.)

FANFALE.

Air : *L'Amour comme Neptune.*

ON chassoit sur ma terre
Comme chez un bourgeois ;
Votre valeur guerriere
Partout soutient mes droits ;
Vous avez pris d'emblée,
Les Braconniers de ces lieux.
Quels exploits glorieux !
C'est en agir aux mieux :
Ah ! j'en suis vraiment comblée ;
Il faut, Monsieur,
Vous faire honneur.

(On danse.)

FANFALE.

Air : *Gai, gai, mon Officier.*
Votre rare vaillance
Ne sçauroit s'oublier,
Et la reconnoissance
A vous doit nous lier,

CHŒUR.

Gai, gai, gai, mon Officier,
Je v'nons vous remarcier.

LE MARGUILLIER.

Écoutez la harangue
Du premier Marguillier;
J'avons trop bonne langue,
Pour rester le dernier.

CHŒUR.

Gai, gai, &c.

LE MARGUILLIER.

Tout' nos Maréchauffées
N'vallont pas un denier,
Vous purgez les chauffées
De tout avanturier.

CHŒUR.

Gai, gai, &c.

LE MARGUILLIER.

Un loup fort malhonnête
Défoloit ce quartier;
Vous avez tué la bête,
Gn'ia qu'à vous en prier.

CHŒUR.

Gai, gai, &c.

LE MARGUILLIER.

Quand un lapin ravage
Les choux d'un Jardinier,
Occide avec courage
Le met dans son clapier.

CHŒUR.

Gai, gai, &c.

FANFALE,
LE MARGUILLER.
Quand un fanglier gâte
Le bien de not' grenier,
Vous le mettez en pâte,
Et l'mangez tout entier.
CHŒUR.
Gai, gai, &c.
LE MARGUILLER.
Vous avez pour la pêche
Débourbé not' Vivier,
Cette bonne œuvre empêche
Les crapiaux de crier.
CHŒUR.
Gai, gai, &c.
OCCIDE.
Pefte foit de la Fête,
C'eft affez m'ennuyer,
Vous me rompez la tête,
Je demande quartier.
CHŒUR.
Gai, gai, gai mon Officier,
C'eft pour vous remarcier.
FANFALE.
Air : *Ma tourelourette en amourette.*
Des cœurs les plus reconnoiffans !
Des cœurs les plus reconnoiffans !
OCCIDE.
Ah ! fi vous partagiez mes feux,
Ma tourelourette,
En amourette,
Vous fçauriez qu'il eft pour nous deux
Des momens plus heureux.

PARODIE D'OMPHALE.

FANFALE.

Air : *Tu croyois en aimant Colette.*

Il suffit ; de votre tendresse
Vous parlerez une autre fois.
Allez au Greffe , & qu'on y dresse
Procès-verbal de vos exploits.

LE CŒUR & FANFALE, *en reconduisant* OCCIDE, *reprenent.*

Air : *Gai, gai, mon Officier.*

Votre rare vaillance
Ne sçauroit s'oublier,
Et la reconnoissance
A vous doit nous lier ;
Gai, gai, gai mon Officier,
C'est pour vous remarcier.

Fin du premier Acte.

ACTE II.

Le Théâtre représente l'appartement de FANFALE, plusieurs Filles sont occupées à différens ouvrages.

SCÈNE PREMIERE.

FANFALE, LISETTE, MIMI.

FANFALE, *faisant des nœuds.*

Air : *Faites joujou, Brunette.*

Travaillez donc, Fillettes,
 Travaillez donc ;
En parlant de vos amourettes,
Le tems vous paroîtra moins long.
Travaillez donc, Fillettes,
 Travaillez donc.

PARODIE D'OMPHALE.

LISETTE.

Air : *De tous les Capucins du Monde.*

Madame, je vous félicite,
Occide est d'un rare mérite,
Soyez sensible à son ardeur.

MIMI.

Pour vos appas quelle victoire !
D'avoir les prémices d'un cœur
Qui n'a rien aimé que la gloire.

FANFALE.

Air : *Vous m'en contez, vous m'amusez toûjours.*

Vous ignorez tous ses exploits :
Sçavez-vous que le fin matois,
Eût cinquante objets à la fois ?
Il voltigeoit,
Il s'engageoit
Toujours,
Et dans la Ville & les Fauxbourgs,
On conte de ses tours.

LISETTE & MIMI.

Air : *Ton humeur est, Catherine.*

L'honneur de vous voir sa femme....

FANFALE.

Cet honneur ne suffit pas.

LISETTE, MIMI.

Un héros qu'Amour enflâme,
A toûjours assez d'appas.

FANFALE,

FANFALE.
Mais mon goût n'est pas le vôtre.
LISETTE, MIMI.
Il est digne de vos feux.
FANFALE.
Ah ! partez l'une après l'autre,
Ou, taisez vous toutes deux.

Air : *Si j'avois connu Monsieur de Catinat.*

De mes Amans, Occide est le plus glorieux,
Mais n'est-il point d'objet plus aimable en ces lieux?
LISETTE.
Aimeriez-vous Titi ?
MIMI.
Madame, vous riez.
FANFALE.
En devinant mon choix, vous le justifiés.

Air : *Babet que t'est gentille.*

Occide & ce Garçon
Font un parfait contraste :
L'un a l'air d'un Gascon,
L'autre est simple & sans faste ;
Son maintien décent,
Son air innocent
Est la nature même ;
Son cœur n'est point encor formé,
L'Amour ne l'a point animé ;
Puisqu'il n'a pas encor aimé,
Hé ! bien, c'est lui que j'aime. (*bis.*)

PARODIE D'OMPHALE.

Air: *Pour la jeune Annette.*

POur un Mi- li- tai-re, Qu'il est d'un bon caractere! Sa ti-mi-di- té Gagne beaucoup sur ma fierté. En baissant la vûë, Sa voix est é- mûë;
Un petit Col- let Seroit moins dis- cret.
On vient; c'est lui- même. Tâchons de sçavoir s'il
aime; Sans l'ef- fa- rou- cher, Voyons si
j'ai pû le tou- cher.

(*Lisette & Mimi se retirent dans le fond du Théâtre.*)

SCENE II.

TITI, FANFALE, & *les précédents dans le fond du Théâtre.*

TITI.

Air : *En paſſant ſur le Pont-Neuf.*

Notre brave Commandant
Va venir dans un inſtant.
Pour le jour de votre Fête,
Il s'eſt mis d'un air coquet :
Avec ſes gens il s'apprête
A vous donner un bouquet.

FANFALE.

Air : *Approchez, mon aimable Fille.*

Ah! vraiment, il eſt fort honnête;
Mais j'ai bien autre choſe en tête,
Que de ſonger à ſon cadeau.

TITI.

Oh! oh!

FANFALE.

Occide m'aime avec tendreſſe.
De ſes ſoins amoureux je lui ſçais peu de gré;

TITI.

Hé! hé!

PARODIE D'OMPHALE.

FANFALE.
Un objet m'intéresse,
Sur tout autre il l'emportera.

TITI.
Ah ! ah !

FANFALE.
J'avouerai ma foiblesse ;
Mais je sens que mon cœur est pour jamais épris.

TITI.
Quoi ! Tout de bon ?.... Ma foi, tant pis.

FANFALE.
Air : *Je n'y puis rien comprendre.*
(*A part.*)
Je croyois qu'il diroit tant mieux.
(*A Titi.*)
D'où vous vient cet air de tristesse ?

TITI.
Un autre Amant charme vos yeux !
D'un ami je plains la tendresse.

FANFALE.
Vous êtes bon !
Pauvre garçon !
Ah ! mon cœur est trop tendre....
Titi devroit m'excuser.

TITI.
Non.

FANFALE.
Il ne peut rien comprendre.

20 *FANFALE,*

TITI.

Air : *Quel mistere !*

Ah ! Ma-dame, Ma douleur vous en dit af-

FANFALE. TITI.

fez. Parlez. Oh ! dame ! Ah ! Ma- dame...

FANFALE.

Vos propos sont embar-raf- sés. Les

yeux baif- sés ; Qu'est- ce que vous pensez ?

TITI.

Ah ! si vous li- siez dans mon a-me.. C'est que..

FANFALE. TITI.

C'est que je voudrois.. Achevez. Je n'ose-

PARODIE D'OMPHALE. 21

FANFALE.

rois. Toujours craindre ! Faut- il donc se dé-

à part.   **A TITI.**

concer- ter ? Il est à peindre ! Pourquoi fein-

à part.

dre ? Quel cœur pourroit lui résis- ter ? Il rêve,

A TITI.

il est distrait. Avez- vous quelque se- cret ?

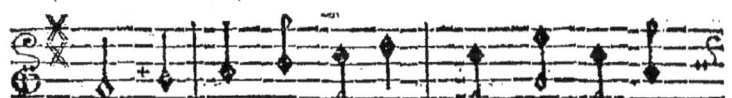

Pourroit- on vous ser- vir ? Mais, mais pourquoi

donc rou- gir ? On ne sçait ce que c'est.

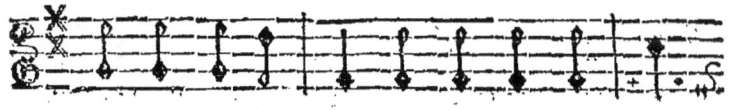

Cet air me dé- plaît. Çà re-gar-dez- moi ;

B iij

FANFALE,

TITI.

Quoi ! Expliquez-vous. Madame, Un feu que je ne puis cacher Trouble mon ame. Cette

FANFALE. TITI.

flamme. He! bien? Vous allez vous fâcher

AIR.

FANFALE. TITI.
Vivement.

QUe dites-vous? Je vous offense, Mais hélas! de grace, excusez ; Je sens mon tort : vous vous taisez ! C'est un arrêt que ce silen-

PARODIE D'OMPHALE. 23

FANFALE.   RECITATIF. TITI.

ce. Ah! quel imbé-ci-le est-ce   là ! Je m'en i-

rai ma belle Dame, Puisque vous condamnez ma

FANFALE.

flâme. Mais je ne vous dis pas ce- la.

Air : *Sur le Pont d'Avignon.*

(*A part.*)
Arrêtez .... son rival trouble le tête à tête !
C'est bien à contretems qu'il m'amene une fête.

B iv

SCENE III.
DIVERTISSEMENT.

OCCIDE, FANFALE, *Travailleuses,
Houzards qui amenent des Braconiers.*

OCCIDE.

Air : *Quand je vous ai donné mon cœur.*

Voyez tous ces fripons soumis
Qu'ici l'on vous amene.

FANFALE.
En liberté qu'ils soient remis.

OCCIDE.
Vous êtes bien humaine !
Que gardez-vous à vos amis ?
Un doux espoir m'est-il permis ?

Air : *Sans le Dieu de la tendresse.*
(*A sa suite.*)
   A la Dame du Village,
   Amis, rendez les honneurs.
(*A Fanfale.*)
   Dans leurs jeux voyez l'image
   De mes plus vives ardeurs.

PARODIE D'OMPHALE. 25

Pour garant d'un tendre hommage,
Prenez ce monstre & ces fleurs.

(Occide donne un bouquet à Fanfale, & lui fait présenter le Loup qu'il a tué, & les fusils des Braconiers.)

(DANSE DES HOUZARDS.)

OCCIDE *prend le panier à ouvrage de Fanfale, & chante en faisant des nœuds.*

Air : *Quel voile importun le couvre !*

IL faut, pour charmer les Belles, Suivre leurs plai-

sirs, N'avoir que leurs dé- sirs : En nous a-mu-

sant comme elles, Nous formons nos nœuds ; L'A-

mour nous rend heu-reux. Un cœur al-tier n'est

plus le même, Quand d'un objet il est é-

pris, L'amant devient tout ce qu'il aime;

Un doux retour en est le prix. Il faut,

pour charmer les Belles, Suivre leurs plai-

sirs, N'avoir que leurs dé- sirs: En nous amu-

sant comme el-les, Nous formons nos nœuds; L'A-

PARODIE D'OMPHALE. 27

mour nous rend heu-reux.

(Les filles de la suite de Fanfale quittent leurs ouvrages, & dansent pendant que les Houzards travaillent à leur place.)

VAUDEVILLE.

OCCIDE.

DEs faveurs que l'A-mour vous donne,

U-sez a-vec mé-nage-ment; Si trop

tôt ce Dieu vous cou-ronne, Il perd

ce qu'il a de charmant: Prenez cet-te

FANFALE,

le- çon u- ti- le : On n'éteint ja- mais

les de- firs, Lorfque l'on fi- le,

Lorfque l'on fi- le les plai- firs.

FANFALE.

Ce n'eft qu'à la délicateffe
Que nous devons l'art de jouir.
Sans elle, à la moindre foibleffe
On voit l'amour s'évanouir :
Que le bonheur foit difficile ;
On n'éteint jamais les défirs,
    Lorfque l'on file   (bis.)
    Les plaifirs.

OCCIDE.

Le doux attrait de l'efpérance
De l'amour devient le foutien ;
L'attente de la récompenfe
De deux cœurs ferre le lien ;
Mais qui fe preffe eft mal habile :
On n'éteint jamais les défirs,
    Lorfque l'on file   (bis.)
    Les plaifirs.

FANFALE.

Beauté que le penchant engage
A rendre un amant plus heureux,
Craignez, si vous êtes peu sage,
Qu'un jour n'amortisse ses feux :
A ses vœux soyez moins docile ;
On n'éteint jamais les désirs,
  Lorsque l'on file   (*bis*.)
  Les plaisirs.

(Entrée d'Allemandes.)

(*Les filles de la suite de Fanfale vont prendre les Houzards, leur attachent des quenouilles, & dansent avec eux en les faisant filer.*)

(*On entend le bruit du tonnerre ; Grisemine descend par la cheminée.*)

FANFALE.

Air : *Je ne suis pas assez beau, oh ! oh !*

 Quel tonnerre, quels éclats !
  Ah ! ah !
 Mon ame en est étonnée.

OCCIDE.

Grisemine avec fracas
  Ah ! ah !
Descend par la cheminée.

SCENE IV.

GRISEMINE, *les Acteurs précédens, & des* DIABLES.

GRISEMINE.

NE crois pas
Qu'impunément on m'offense.
Lutins, servez ma vangeance ;
Troublez ce galant cadeau.

CHŒUR.

Oh ! oh ! oh ! oh !
Sortons vîte du Château.
(*Les Diables mettent le feu aux quenouilles, & brisent les ouvrages. Fanfale & toute sa suite s'enfuyent.*)

SCENE V.

GRISEMINE, OCCIDE.

GRISEMINE.

Air : *Chacun vient ici pêle, mêle.*

TU m'as fait parcourir l'Allemagne,
La France, l'Espagne,
Mais je te tiens ;

PARODIE D'OMPHALE.

J'ai fait mainte campagne
Comme ta compagne :
Peux-tu briser ton lien ?
J'aime à la Houzarde ;
Morbleu je poignarde
Ton cœur & le sien,
Si Fanfale hazarde
D'avoir mon bien.

OCCIDE.

Air : *C'est ici qu'on sçait bien aimer.*

L'Amour est ti- mide & trem-blant, Près
Mais il ces- se d'être un en- fant, Quand

d'un ob- jet qui l'in-te- resse ; Des ja-
on veut troubler sa ten- dresse.

loux si- tôt qu'il se plaint, Son audace est

ex- trê- me ; Un amant ne craint

Que ce qu'il ai-me.

Air : *Deux beaux yeux n'ont qu'à parler.*

En vain pour fuir le tourment
D'être amant,
J'évitois tout engagement ;
La beauté commande à nos ames,
Peut-on la voir & ne pas se troubler ?
Pour inspirer de vives flâmes,
Deux beaux yeux n'ont qu'à parler.

GRISEMINE.

Air : *Il n'est pire eau que l'eau qui dort.*

Si c'est ton sort d'avoir une maitresse,
Pourquoi ton feu pour moi s'est-il usé ?
Mes yeux parloient, mes charmes, ma tendresse,
Ne t'auroient que trop excusé.

Air : *Que n'a-t-elle un nez vilain ?* Menuet.

Toi qui m'as juré cent fois,
Que ton cœur brûloit d'un feu Grégeois,
Que tu vivrois toujours sous mes loix,
Tu veux t'engager en tapinois ;
Tu veux faire un autre choix :
Et moi, je soufflerois dans mes doigts !
Non, non, amant ingrat & sournois,
Je soutiendrai mes droits.

Je te rappelle
Ces petits momens si doux
Qui se passoient entre nous,
Quand l'Amour du vent de son aîle
Éloignoit les soins jaloux.

Quand

Quand j'étois dans mon printems,
On voyoit ton amour tous les ans
S'accroître avec mes appas naissans ;
Tout doit se former avec le tems.

OCCIDE.

Sur ces attraits si charmans,
L'Amour avoit écrit mes sermens ;
Ne condamnez point les inconstans,
Tout passe avec le tems.

Air : *Les cœurs se donnent troc pour troc.*

Votre ésprit en vain s'est flatté
De rendre une ardeur éternelle ;
Les sermens faits à la beauté
Ne doivent pas durer plus qu'elle.

DUO.
Air : *Ah ! Barnabas.*

OCCIDE.	GRISEMINE.
Ah ! quel tracas !	Ah ! quel tracas !
Cette folle est un martire.	Amour, quel est ton empire !
Jusqu'au trépas	Jusqu'au trépas,
L'aurai-je donc sur les bras ?	Gémirai-je dans tes lacs ?
Pleure, soupire,	De mon martire
Je n'en fais que rire ;	Tu ne fais que rire !
Gémis, créve, expire,	Que le traître expire,
Cela ne me touche pas.	S'il ne m'aime pas.
Ah ! quel tracas !	Ah ! quel tracas !
Cette folle est un martire.	Amour, quel est ton empire !
Ah ! quel tracas !	Jusqu'au trépas,
De l'entendre je suis las.	Gémirai-je dans tes lacs ?
[*Occide sort.*]	

GRISEMINE.

Air : *Au bout du Monde.*

Ne crois pas que je sois ta dupe,
Puisqu'un nouvel amour t'occupe,
Par mon art je te troublerai :
Sur la terre & l'onde
Je te poursuivrai
Au bout, au bout, au bout du Monde.

Fin du second Acte.

ACTE III.

Le Théâtre représente les Jardins de Fanfale.

SCENE PREMIERE.

FANFALE.

Air : *Charmante Gabrielle.*

CHer amant je t'appelle,
Je ne crains plus pour moi.
L'amour chez une Belle
Est plus fort que l'effroi :
Lorsque le sort la plonge
   Dans la douleur,
Son tendre cœur ne songe
   Qu'à son vainqueur.

Air : *Hélas ! qu'ils sont heureux, ceux, &c.*
Hélas !
Quel embarras !
Ah ! dois-je encor longtems garder le silence ?
Hélas ! je n'oserois ;
Mais
Mon amant n'osera-t-il jamais ?
Croit-il qu'un tendre aveu
Pour les Belles soit une offense ?
Il hésite, il balance,
Il craint : il nous connoît bien peu !
Hélas !
Quel embarras, &c.

SCENE II.
FANFALE, GRISEMINE.

GRISEMINE, *dans le fond du Théâtre,
observant Fanfale.*

Air : *J'ai des vapeurs, je me meurs.*

La voilà seule qui caquette,
Je guette
Pour l'écouter.

FANFALE, *sans voir Grisemine.*
Déclarons mon ardeur secrette....

GRISEMINE.
Coquette !

FANFALE *continue.*
Sans hésiter.
Sans cette arrivée indiscrette,
J'aurois fait l'aveu
De mon feu.
GRISEMINE, *s'approche de Fanfale, & la touche de sa baguette.*
Bon ! touchons la de ma baguette.
FANFALE.
J'ai des vapeurs,
Je me meurs.
(*Fanfale surprise par le charme de Grisemine, tombe sur un banc de gazon, & s'endort.*)
GRISEMINE.
Air : *Je sommeille.*
Ma puissance opere déja :
Nous sommes seules ; la voilà
Qui sommeille.
Jouissons du plaisir charmant
De la tuer tout doucement,
Sans qu'elle s'éveille.
Air : *Faites dodo.*
Faites dodo,
Belle Fanfale,
Faites dodo :
Tirons mon couteau.
Air : *Turelu tu tu, rengaîne.*
Oui, dans son supplice
Cherchons mon repos ;
Qu'un seul coup finisse
Sa vie & mes maux.
(*Elle s'avance pour frapper Fanfale.*)

C iij

SCENE III.

OCCIDE, GRISEMINE, FANFALE, *endormie.*

OCCIDE, *arrachant le poignard à* GRISEMINE.

Suite de l'Air précédent.

Turelu tu tu rengaîne, rengaîne, rengaîne.
Pour défarmer ta haine,
J'arrive à propos.

GRISEMINE.

Air : *Je suis un bon Jardinier.*

Si tu veux la défarmer,
Cher Occide, il faut m'aimer;
Ou plonge en mon sein,
Ce fer assassin.

Air : *Badinez, mais restez-en-là.*

Il méprise encor ma tendresse!
Pour me venger de ta maîtresse,
Rends-moi ce fer.

OCCIDE.

Oh! nenni-dà;
Badinez.... badinez, mais restez-en-là.

GRISEMINE.

Air : *Ah ! Pierre, ah ! Pierre.*

Courons à ma rivale
Pour l'étrangler.

OCCIDE.

Tout doux.
De ta rage infernale
J'arrêterai les coups.
Fanfale, Fanfale,
Tôt, tôt, réveillez-vous.

(Fanfale revient à elle, & se leve avec frayeur en appercevant Grisemine.)

Air : *Ah ! Maman, que je l'ai échappé belle !*

Ah ! vraiment, vous l'avez échappé belle ;
Sauvez-vous mon cœur.

GRISEMINE.

Ah ! ma fureur
Est immortelle.

FANFALE.

Oui vraiment ; je viens de l'échapper belle.
Dieux, quelle noirceur !
Fuyons, fuyons, c'est une horreur.

(Elle s'enfuit.)

SCENE IV.

ORISEMINE, OCCIDE.

GRISEMINE.

Suite de l'air.

Elle fuit, mais je vais....

OCCIDE.

Ah ! cruelle !
Occide te suit ;
L'Amour conduit
Mon cœur fidele.

GRISEMINE.

Qu'elle meure.

OCCIDE.

Tu meurs avec elle.

GRISEMINE, *à part.*

Un pareil danger
Vaut bien la peine d'y songer.

Air : *Tant de valeur & tant de charmes.*

J'aurois satisfait, ma vengeance ;
Occide est venu m'arrêter.
Mon pouvoir eût pû l'écarter.
Que je maudis mon imprudence !

PARODIE D'OMPHALE. 41
DUO.

Air: *Que le mal de dents.*

OCCIDE.	GRISEMINE.
Je frémis d'horreur,	Je frémis d'horreur,
De haine, de rage;	De haine, de rage.
L'Amour qu'on outrage	L'Amour qu'on outrage
Produit la fureur.	Se change en fureur.
Fanfale a mon cœur ;	Fanfale a ton cœur ;
Si ton bras coupable	Elle est trop coupable
Ne l'épargne pas,	Avec tant d'appas.
Mon courroux t'accable;	Que l'Enfer l'accable.
Jusques chez le Diable,	Je ferai le Diable,
Je suivrai tes pas.	Ou tu m'aimeras.

(Ils sortent.)

Fin du troisiéme Acte.

ACTE IV.

Le Théâtre représente un Caveau.

SCENE PREMIERE.

OCCIDE *seul.*

Air : *Dans le fond d'un Caveau.*

Dans le fond d'un Caveau
Le désespoir m'entraîne ;
Que ce lieu soit mon tombeau.
 Jalousie inhumaine,
Tu viens avec ton flambeau
 Offusquer mon cerveau.
 Fanfale en ce moment
 Nous a dit nettement
 Qu'elle avoit un Amant,
Et ce n'est pas moi qui l'enchaîne ;
 Dieux ! quel tourment

PARODIE D'OMPHALE. 45

Mais quel rival
Fatal
Fait de mon bien
Le sien ?
Sur qui doit éclater ma haine ?
Je n'en sçais rien.

SCENE II.
GRISEMINE, OCCIDE.

GRISEMINE.

Air : *Heureuse épée ! ah ! sans elle.*

JE viens sur tes pas, volage,
Conduite par les Amours.

OCCIDE.

Sa tendresse est une rage.
Quoi ! je la verrai toujours ?

Air : *Hélas ! Maman, pardonnez, je vous prie.*

Si vous m'aimez, Madame, je vous pri-e

De conten- ter ma cu-ri-o-si- té ; Je hais Fan-

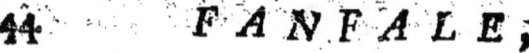

fale, employez la diable- ri- e ; Je veux sça-

GRISEMINE.

voir quel Rival m'a supplan- té. Si tu la

hais, pourquoi donc, je te prie, Cette indif-

crette cu- ri- o- fi- té ?

OCCIDE.

Même Air, en commençant à la reprise.

Ne craignez rien : ce n'est point par jalousie ;
Si je me venge ; ce n'est que par fierté :
Et qu'and j'aurai satisfait mon envie,
Epousons-nous par curiosité.

GRISEMINE.

Air : *Pour faire honneur à la nôce.*

Ne prends point d'autre vengeance
Que de partir & de m'aimer.

PARODIE D'OMPHALE.

OCCIDE.

Ah ! cessez de vous allarmer ;
Contentez mon impatience.

GRISEMINE, à part.

Ayons cette complaisance :
De ton sort je vais t'informer.

Air : *La sombre dondaine.*

Formons un triple cercle,
Et de l'Enfer levons le couvercle :
Formons un triple cercle ;
Venez, accourez tous,
    Broux, broux,
      Hiboux,
    Loups garoux,
      Matoux.
          (Cris de Chats.)

Air : *Marche des Bostangis.*

L'Éclat nuit Aux horreurs que mon art pro-

duit. Point de bruit, E-clipsons l'Astre qui nous

luit ; Le jour fuit. Qu'il fuccede une affreufe

nuit. Sortez des tombeaux, Armez-vous

de flambeaux, Efprits fol- lets, Sur vos manches

à balais, Faites des entrechats, Aux cris ai-

gus des chats. Dans les airs, La Lune attentive

à mes airs, En tremblant, Se couvre d'un voi-

le fan- glant : J'ai le cochemart, Mon regard

PARODIE D'OMPHALE.

Est hagard : Je touche au but : Tout l'U-nivers

souffre, Du fu-neste gouffre, S'ex-ha-le le

soufre; Chut. Mes forts Glacent d'épou-vante

Les Morts : L'Aver-ne présen-te Ses bords,

Où Cer-bere tient par son li- cou. Au sein

de l'Enfer, Lu-ci-fer M'obé- it; Il en fré-

mit : Pour appai-ser son dé- pit, Vous qui por-

FANFALE,

tez son joug, Rendez hommage au bouc.

Air : *Je suis fait pour conquerir le Monde.*

Je m'égare....
O Destin barbare !
Le perfide trahit mon espoir !
L'Infidele
Court de Belle en Belle,
Et moi seule je ne puis l'avoir !
Frémis scélérat,
L'Amour punit ton cœur ingrat ;
Ta maîtresse enfin
A ton rival donne la main ;
On prépare le festin.

OCCIDE.

Air : *Je n'en dirai pas le nom.*

Quelle affreuse jalousie !
Mon rival.... Ah ! quel guignon !
Et ! comment le nomme-t-on ?
Achevez, je vous supplie.

GRISEMINE.

Je n'en dirai pas le nom.

OCCIDE.

A quoi sert donc ta magie ?

GRISEMINE.

Je n'en dirai pas le nom :
Mais écoute ma chanson.

Air :

Air : *Guérissez-moi mon mal, ma chere mere.*

Que la rage, que la douleur,
Que cent Diables rongent ton cœur.
Tout disparoît, quelle terreur !
Dieux ! quel cahos ! Dieux ! quelle horreur !
Qu'on me soutienne * ; Occide,
Perfide !
Je meurs d'amour & de fureur.

(* *Des Monstres soutiennent
Grisemine, & l'emmenent.*)

SCENE III.
OCCIDE, *seul.*

Air : *Des Pendus.*

JE ne suis guere mieux instruit,
Quel est le rival qui me nuit ?
Fanfale aujourd'hui se marie !
Destin cruel ! j'entre en furie....
Déja le sallon est paré
Et le festin est préparé !

Air : *Des Folies d'Espagne.*

De leur bonheur je me fais une image,
Je vois leurs jeux,
Leurs transports amoureux.
Perfide !.... Arrête & redoute ma rage....

D

Air : *Dieux ! quel moment.*

Fanfale & fon amant....
Dieux ! quel moment ! ....

Air : *Menuet d'Omphale.*

Les plaifirs vont les fuivre en foule ;
L'un près de l'autre affis,
Ils n'ont plus aucuns foucis.
Qu'à leurs yeux le buffet s'écroule :
Sabre à la main,
Je fçaurai troubler le feftin :
A leurs pieds que la table roule,
Et que leur fang cou.... le
Avec le vin.

Fin du quatriéme Acte.

ACTE V.

Le Théâtre représente un lieu préparé pour un Festin de nôces.

SCENE PREMIERE.
FANFALE, *seule*.

Air : *Menuet Allemand.*

Viens, Dieu que j'a- dore, Vo- le, Amour, je t'im-

plore ; Au vainqueur De mon cœur, Peins l'ar-

deur qui me dévore: Que n'ai-je plus d'attraits ? Amour,

D ij

prends tes armes, Lance tes traits, Prête

moi tes feux, Et redouble mes charmes,

Pour ne bril- ler qu'à ses yeux. Aux ja-

loux mets ton ban- deau, Et donne à ton a-

mant ton flam- beau.

Air : *Je ne sçais pas écrire.*

Mais, c'est lui qui vient en cés lieux.

SCENE II.
FANFALE, TITI.
TITI.

Suite de l'Air.

SI mon aspect blesse vos yeux,
  Parlez, je me retire.
FANFALE.
Restez donc ; vous m'aimez, Titi ;
Hé ! bien, moi je vous aime aussi,
Puisqu'il faut tout vous dire.

Air : *Mariez, mariez-moi.*
  J'ai compté sur votre foi,
  La nôce est prête d'avance ;
  Tout est arrangé chez moi,
  Admirez ma prévoyance ;
Marions, marions, marions-nous.
TITI.
Vous comblez mon espérance.
ENSEMBLE.
Marions, marions, marions-nous.
FANFALE.
  Mais je vois notre jaloux.

SCENE III.
OCCIDE, FANFALE, TITI.

OCCIDE, *le sabre à la main.*

Air : *Voici les Dragons qui viennent.*

Que ce couple trop perfide
Tombe sous mes coups :
Que le désespoir me guide.

FANFALE.

Fuyons la fureur d'Occide.
Sauvons-nous.

TITI.

Oui, sauvons-nous.

OCCIDE.

Air : *Ces filles sont si sottes.*

Arrêtez ; mais je vois Titi !
(A TITI.)
Pour la punir tu viens ici ?

TITI.

Vous comptez sans votre hôte :
En secret, j'étois son amant ;
Mais ce n'est pas ma faute.

PARODIE D'OMPHALE.

OCCIDE.

Comment?

TITI.

Non, ce n'est pas ma faute.

FANFALE, à part.

Oh! ciel, nous voilà dans la crise. Rien n'est égal à ma sur-prise, Un A-mi jouer de ces tours! C'est ce qu'on voit tous les jours.

OCCIDE.

Air: *Mais, mais, fort singulier.*
Vengeons ma tendresse trahie.

FANFALE.

Quels procedés !
Avec vos traits de jalousie,
Vous m'excedez.

FANFALE.
Sans votre avis, si bon me semble,
Ne puis-je pas me marier ?
Un soldat seroit moins altier.

OCCIDE.
Je suis en fureur,

TITI.
Moi, je tremble.

FANFALE.
Vous êtes, mon bel Officier,
Singulier,
Mais fort singulier,
Mais, mais, fort singulier.

OCCIDE.

Air : *Malheureuse journée !*

Vous qui causez ma peine ;
Vous la partagerez,
L'Amour jaloux m'entraîne ;
Mourez, ingrats, mourez....

(*Symphonie douce.*)

Air : *Qu'allois-tu faire, dans cette galere.*

Qu'allois-je faire ?
Lere, lere,
La raison m'éclaire.

Air : *Allons à la guinguette.*

(*Accompagnement qui imite le chant du Coucou.*)

Je vois l'Hymen,
C'est un joug qu'il m'apprête ;

Cet examen
Fort à propos m'arrête :
Qu'ils s'aiment tout leur foû,
(Symphonie.)
Pour moi je ne fuis pas fi fou.

Air : *Ça n'dur'ra pas toujours.*

A leur nôce je danfe :
Vivez en bons époux.
TITI.
Ah ! quelle heureufe chance !
FANFALE.
Eft-il un fort plus doux !
FANFALE & TITI.
Que nos tendres amours,
Puiffent durer toujours. *(3 fois.)*

OCCIDE, *à part en même tems.*

Ça n'dur'ra pas toujours. *(3 fois.)*

FANFALE;

VAUDEVILLE DE TABLE.
FANFALE.

PREMIER COUPLET.

Que le plaisir nous en-chante, Qu'il soit

l'ame du re-pas: Que l'on boive, que l'on

chante; Ou-blions tous nos dé-bats.   A- vec

ce jus délec-table, Le chagrin n'est plus per-

mis; Et c'est toujours à la   table Que l'on

PARODIE D'OMPHALE. 59

devient bons a- mis.

II.
C'est le moment du silence,
Quand on sert les premiers plats ;
On s'observe avec décence,
Et l'on se parle tout bas :
L'entremets rend plus aimable ;
Au dessert on voit les ris :
Quand le champagne est sur table ;
On devient tous bons amis.

III.
Dans un cercle, la saillie
Cause souvent du dépit ;
La plus légere ironie
Est un vice de l'esprit :
Dans un repas agréable,
Tous les bons mots sont bien pris ;
La franchise regne à table,
On est toujours bons amis.

IV.
Que je sçais de gens séveres,
Durs & brusques le matin,
Qui, le soir, au bruit des verres,
Ont un plaisir clandestin :
Leur humeur est plus affable,
Et dans des soupers jolis,
Avec eux l'Amour à table
Les rend les meilleurs amis.

V.
UN PAYSAN.

Allons gai, cher camarade,
Je t'attends le verre en main;
Il faut boire une rasade
A la santé de Catin :
Si la Belle peu traitable,
T'a causé de noirs soucis;
Morgué, fais la mettre à table,
Vous deviendrez bons amis.

VI.

Blaise, Barbier du Village,
Pour humer du vin clairet,
Les soirs quitte son ménage,
Et chopine au cabaret :
Sa moitié qui fait le diable
Va l'étourdir de ses cris;
Blaise la fait mettre à table,
Ils en sortent bons amis.

FIN.

APPROBATION.

J'Ai lû par ordre de Monseigneur le Chancelier *Fanfale, Parodie d'Omphale*; & je crois que l'on peut en permettre l'impression, ce 30 Mars 1750.

CRÉBILLON.

LA COQUETTE TROMPÉE,

COMÉDIE LYRIQUE;

Par M. FAVART;

Représentée pour la premiere fois à Fontainebleau, sur le Théâtre de la Cour, par Ordre de SA MAJESTÉ, le 13 Nov. 1753.

Et à Paris, par l'Académie Royale de Musique, le Mardi 8 Août 1758.

ACTEURS.

C LARICE,   Mlle. FEL.

DAMON, $\Big\{$ M. JELLIOTTE, à la Cour, & M. PILOT, à Paris.

FLORISE, *Amante de Damon, travestie sous le nom de Dariman.* $\Big\{$ Mme. FAVART, à la Cour, & Mlle. LE MIERE, à Paris.

LA COQUETTE
TROMPÉE.

Le Théâtre représente l'Appartement de CLARICE.

SCENE PREMIERE.
FLORISE.

LATTEUSE Espérance,
Rassure mon cœur :
De ma persévérance
J'attends mon bonheur.

Damon me quitte pour Clarice,
Lorsque l'Hymen alloit nous rendre heureux ;
De mon Portrait il fait un sacrifice
    Au nouvel objet de ses vœux :

A ij

LA COQUETTE

Sous ce déguisement, employons l'artifice,
Pour retirer ce gage & rejoindre nos nœuds.

   Flatteuse Espérance,
   Rassure mon cœur;
   De ma persévérance,
   J'attends mon bonheur.

ARIETTE.

UN in-fi-de-le Bri-- -se les nœuds les plus par-faits; Mais une ardeur nou-velle A-t-elle au-tant d'attraits? Mais une ar-deur nou-velle, A-t-elle au-tant d'attraits? D'une aî-le lé-gere, d'une aî-le lé-

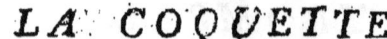

— ne, Et s'en-

flâme pour jamais.

Clarice vient. Cette Coquette
Me suit, me guette,
Et pour moi s'attendrit ;
Tout sert mes feux & mon dépit.
Contraignons-nous.

___

SCENE II.
FLORISE, CLARICE.

FLORISE.

Bon jour, mon Adorable.

CLARICE.

Et bon jour, Dariman.

FLORISE.

Quels yeux ! Qu'elle est aimable !

CLARICE, *en minaudant*.

Ne me regardez pas ; je suis à faire peur.

FLORISE.

Je vous trouve à ravir.

CLARICE.

En honneur.

FLORISE.

En honneur.

TROMPÉE. 7
ARIETTE.

FLORISE.   *AIR Gracieux sans lenteur.*

Qui peut ré- sif- ter à vos char-

mes ? Pour triom- pher en tous lieux,

L'a- mour pré- pa- re ses ar- mes,

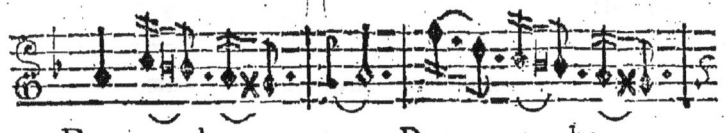
Dans vos beaux yeux, Dans vos beaux

yeux. Il ex- cite a- vec ses ai- les Le

feu de vos re- gards, Pour y forger ses dards;

Il fait de toutes parts Voler des étin-

A iv

LA COQUETTE

celles, Qui portent dans les cœurs Les plus vi-ves ardeurs. Il fait de toutes parts Voler des étin-celles, Qui portent dans les cœurs Les plus

vi- ves ar-deurs. Ah! je les sens!

Ah! je les sens! Appai- sez mes dou- leurs,

Ou je me meurs, Ou je me meurs.

CLARICE.
Vous êtes fort à plaindre!
Je ne puis vous guérir ;
Les Amants font à craindre.

FLORISE.
Laissez-vous attendrir.

TROMPÉE.

ARIETTE.

CLARICE.

Ces feux errants, dont la vapeur légere, Eclaire, en voltigeant, les ombres de la nuit, Egarent si-tôt qu'on les suit, si-tôt qu'on les suit. Ainsi par une erreur trop chere, Ainsi par une erreur trop chere, Des Amants inconstants, des Amants inconˉ

LA COQUETTE

ftants la flam- - - - - -
- - - - - - me, la
flamme nous fé- duit, la flamme nous fé-
duit; Des a-mans in- con-ftans la flam-
- me, la flam-me nous fé- duit;
Des a-mans inconftants, la fla-

TROMPÉE.

-me, la flamme nous sé-
duit, la flamme nous sé- duit. Nous croyons qu'un astre nous luit; Mais on ne voit briller, mais on ne voit bril- ler qu'une ardeur passa- gere, Qui dans le même instant é- cla- - - - te,

LA COQUETTE

& se dé- truit. Ces feux errans, &c.

FLORISE. *AIR.*

Aimez, ai- mez, quelle crainte bi-

sarre S'oppose aux plus charmants de-

sirs ? Ai- mez, ai- mez ; si l'A-mour vous é-

gare, C'est dans la route des plai-

sirs, Ai-mez ; ai-mez ; si l'Amour vous é-

gare, C'est dans la route des plai- sirs.

TROMPÉE.

CLARICE.
Si je m'engage,
Peut-être serez-vous
Jaloux,
Ou volage.
FLORISE.
Vos seuls attraits fixeront mon hommage ;
On verra les Plaisirs folâtrer avec nous.

Ce soir je vous donne une Fête :
Damon n'est point ici, que rien ne vous arrête.
Si mes soins ont pu vous toucher,
Je veux sur cette main en prendre l'assurance.
CLARICE.
Moderez-vous.
FLORISE, *prenant la main de Clarice.*
C'est trop de résistance.
CLARICE, *tendrement.*
Eh ! bien ! je sens... je sens que je vais me fâcher.

FLORISE, *baisant la main de Clarice.*

ARIETTE.

AH ! Ma- dame, Ah ! Ma- da- me,

Quel plai- sir Vient sai- sir Mon

a - - me! Quel bon- heur!

Quelle ar- deur M'enflam- - -

- - - - me! Quelle ar-

En sentiment.

deur M'en- flam- me! Ah! ah!

A part, en riant.

ah! ah! ah! comme el- le croit ce- la!

En sentiment & moins vite.
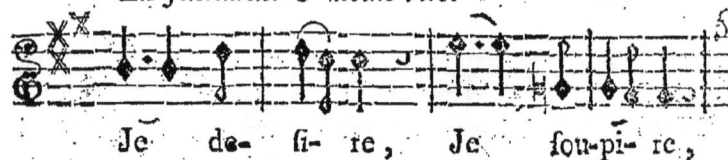
Je de- si- re, Je sou-pi- re,

crains qu'il ne me quitte. Ah!
ah! ah! ah! ah! comme elle croit cela! Ah! ah! ah! ah! ah!
comme elle croit ce- la!

Vous triomphez de ma foibleſſe.
FLORISE.
Je ſuis comblé.
CLARICE, feſant ſemblant de rougir.
J'en ai trop dit..
FLORISE.
Mais de Damon vous avez un dédit,
Avec certain portrait...
CLARICE.
Comptez ſur ma tendreſſe.
FLORISE.
Remettez en mes mains les gages de ſes feux....
Vous héſitez! Que je ſuis malheureux!
Ah! Votre cœur n'eſt pas ſincere.
CLARICE.

TROMPÉE. 17
CLARICE.
Eh! bien.... il faut vous satisfaire.

(*Prête à donner le Braſſelet & le Dédit, Clarice entend du bruit, & fait cacher Floriſe dans un Cabinet.*)

Mais qu'entends-je ? Quel embarras !
On frappe.
FLORISE.
Mon bonheur m'échappe.
CLARICE.
Retirez-vous.
FLORISE.
Je ne vous quitte pas.
CLARICE.
Evitons les éclats.
FLORISE.
A quoi bon ce myſtere ?
CLARICE.
Ne craignez rien ; laiſſez-moi faire.

(*Clarice fait entrer Floriſe dans le Cabinet.*)

___

SCENE III.

DAMON, CLARICE.

DAMON.

JE veux me venger
D'un Rival qui m'outrage ;

B

LA COQUETTE

Ensemble. { Qu'il éprouve ma rage.
CLARICE.
D'où vient cet orage ?

DAMON.
Je veux me venger.
CLARICE.
Qu'avez-vous ?
DAMON.
Infidelle !
Cruelle !
Une ardeur nouvelle
Rend votre cœur léger ;
Vous avez pu changer !
CLARICE.
Moi !
DAMON.
Vous.
CLARICE.
Moi !
DAMON.
Perfide, volage !
Votre cœur est un Papillon,
Qui vole où le plaisir le flatte d'avantage.
CLARICE.
Votre esprit est un tourbillon,
Qui tourne, tourne, & porte le ravage,
DAMON.
C'est un Papillon.
CLARICE.
C'est un tourbillon,

TROMPÉE. 19

ENSEMBLE. { Qui tourne, tourne, & porte le ravage.
  DAMON.
  Qui vole où le plaisir le flatte d'avantage.

CLARICE.
Ecoutez-moi, Damon.
DAMON.
Non.
CLARICE.
Mais....
DAMON.
Non.
CLARICE.
Si...
DAMON.
Non, non,

ENSEMBLE. { Non, non, non, non, non, non.
  CLARICE.
  Il n'entend pas raison.

DAMON.
Je brise le nœud qui m'engage.
CLARICE.
Dégagez-vous, dégagez-vous, Damon,
Et portez ailleurs votre hommage.

ENSEMBLE. { Je brise le nœud qui m'engage,
  DAMON.
  O Ciel! quoi! vous brisez le nœud qui
  vous engage!

B ij

20　　　*LA COQUETTE*

A**RIETTE**.

CLARICE. 　　*AIR*, Gracieux.

QUand l'A- mour en- chaîne les

cœurs, Il ca- che ses fers sous des fleurs; On ne

voit que l'i- mage Des plai- sirs les

plus sé- duc- teurs; On i- gnore son escla-

vage, On pas- se des jours enchanteurs; On

pas- se des jours en- chan- teurs, On

TROMPE'E. 21

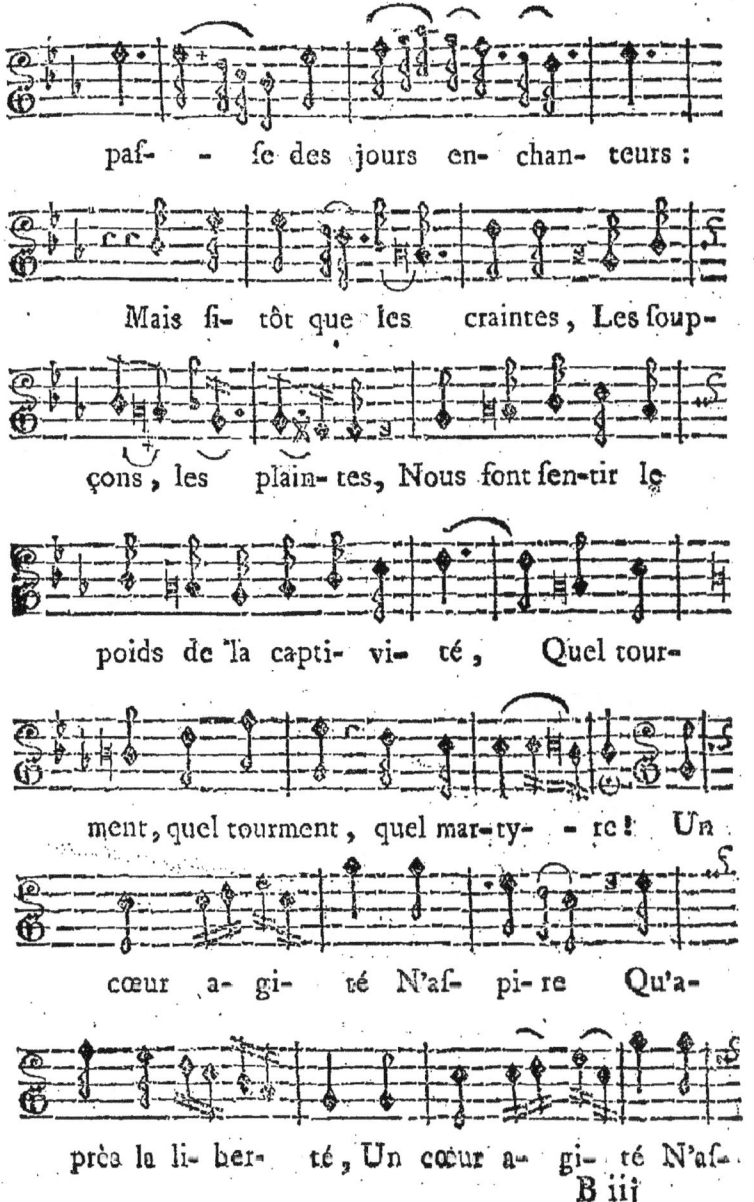

paſ- - ſe des jours en- chan- teurs:

Mais ſi- tôt que les craintes, Les ſoup-

çons, les plain- tes, Nous font ſen-tir le

poids de la capti- vi- té, Quel tour-

ment, quel tourment, quel mar-ty- - re! Un

cœur a- gi- té N'aſ- pi- re Qu'a-

près la li- ber- té, Un cœur a- gi- té N'aſ-

B iij

pi-re Qu'a- près la li-ber-té, li- ber-

té, li- ber- té, li-.ber- té, li- ber-

té, li- ber- té.

DAMON.
Ainsi vos feux ont pu s'éteindre !
Ingrate, ai-je tort de me plaindre ?
CLARICE.
De vos soupçons jaloux je me plains à mon tour.
DAMON.
Je sais qu'on prépare une Fête,
Vous en êtes l'objet.
CLARICE.
C'est pour vous qu'on l'apprête,
Nous avons sû votre retour.
DAMON.
Pour moi ! Non, non, c'est un détour.
D'un autre Amant vous êtes la conquête ;
Et je sais qu'en ce même jour...
CLARICE.
Eh ! bien, Monsieur, j'approuve son amour,

Il n'est point d'ardeurs éternelles.
Depuis un mois nos deux cœurs sont constans :
L'Amour & le tems ont des aîles ;
L'Amour s'envole avec le tems.

DAMON.
ARIETTE.

Je sens par cet aveu rallumer ma colere :
Tremblez pour votre Amant ; ce Rival téméraire
Tombera sous mes coups.
Que ma fureur éclate, & punissons l'offense !
Le seul plaisir de la vengeance
Peut satisfaire un cœur jaloux.

CLARICE, *en riant.*

Ah ! ah ! que les Amants sont foux !

DAMON.

L'Amour va céder à la haine.

CLARICE, *ironiquement.*

Vous me haïssez ?

DAMON, *d'un ton ferme.*

Oui.

CLARICE, *très-tendrement.*

Moi, je vous hais aussi ;
Haïssons-nous toujours ainsi :
Cédons à la fureur qui tous deux nous entraîne.

DAMON.

Cessez de me désesperer.

CLARICE.

Vous me haïssez trop pour ne pas m'adorer.

LA COQUETTE

DAMON. AIR, Andante.

QUand on se plaint d'une inhu- maine,

On veut la quit- ter, la quitter sans re-

-tour; On croit sen- tir tous les feux de la

haine, Et c'est la flam- me de l'A- mour :

On croit sen-tir tous les feux de la haine,

Et c'est la flam- - - - me,

Et c'est la flamme de l'A- mour.

TROMPE'E. 25

Vous faites mon malheur.

CLARICE.

Eh! bien, je vous pardonne.
Ma bonté vous étonne.

DAMON.

Ah! c'est moi qui suis outragé.
(A part.) Florise, hélas! ton cœur est bien vengé;
Damon gémit sous un joug qui l'accable.

CLARICE.

Regardez dans mes yeux si je suis si coupable.

DAMON.   AIR, *Andante*.

DEux beaux yeux ont- ils ja- mais tort?

Le char- me d'un re- gard si ten- dre,

En- chaî - - - - - ne, en-

chaî- ne mon courroux, & me force à me rendre; Deux beaux yeux ont- ils ja- mais tort? Quand votre in-conſtance m'ou-trage, Leur dou- ceur cal-me mon tranſport; De l'in- no- cence elle m'of- fre l'i- ma- ge: Ah! quand ils par- lent ce lan- gage, Deux beaux yeux ont- ils ja- mais tort?

TROMPÉE.

CLARICE.

D'un Bal que pour vous on apprête,
Ce pretendu Rival n'eſt que l'ordonnateur ;
J'arrangeois avec lui la Fête,
Voilà tous nos ſecrets.

DAMON.

Pardonnez mon erreur.

CLARICE. *D U O Gracieux.*

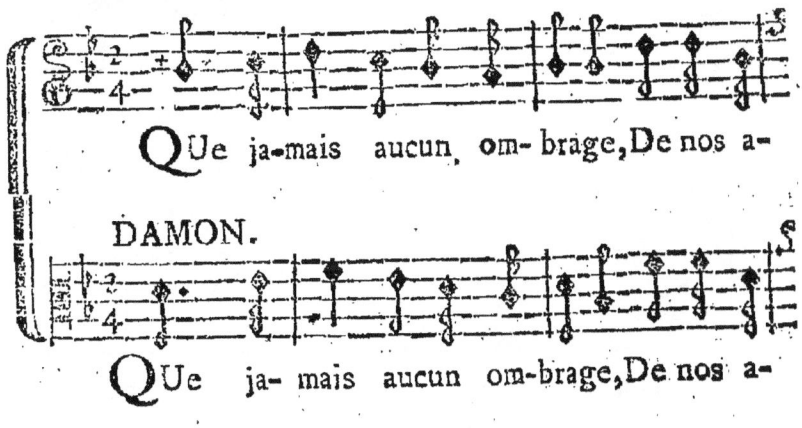

QUe ja-mais aucun ombrage, De nos a-

DAMON.

QUe ja-mais aucun ombrage, De nos a-

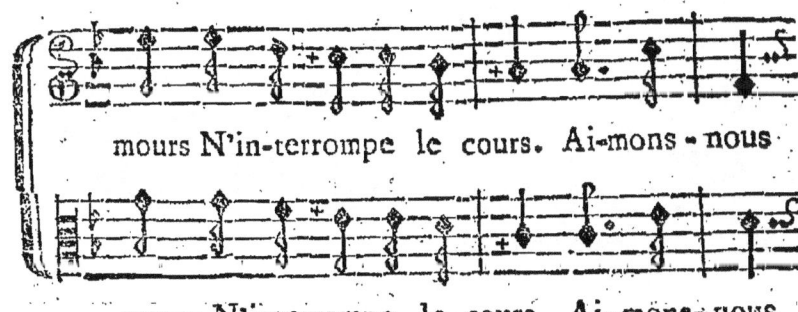

mours N'interrompe le cours. Aimons-nous

mours N'interrompe le cours. Aimons-nous

28 LA COQUETTE

TROMPÉE. 29

SCENE DERNIERE.

DAMON, CLARICE, FLORISE.

DAMON.

L'Amour comble mon espérance ;
Je triomphe, je suis heureux.

CLARICE, *appercevant Florise.*
O Ciel !

FLORISE, *à part, sortant du Cabinet.*

O Ciel ! je n'ai plus d'espérance !
Il triomphe, il est heureux !

CLARICE, *à Florise, en lui donnant le Brasselet & le Dédit, & fesant semblant d'adresser la parole à Damon.*

Recevez de mes feux
Une entiere assûrance.

DAMON ET FLORISE.

Souffrez qu'à vos genoux ...

(*Ils se jettent aux genoux de Clarice, & se trouvent l'un vis-à-vis de l'autre.*

CLARICE, *à Florise.*

Que faites-vous ?

LA COQUETTE

DAMON.

Juste Ciel ! c'est Florise.

FLORISE.

Perfide !

CLARICE.

Quelle est ma surprise !

FLORISE, *à Damon*.

Si tu l'oses, venge-toi.
Punis-moi
D'avoir charmé ta fidelle Clarice.

DAMON.

Je rougis de mon injustice.
Mon cœur a-t-il pû vous trahir ?
Ah ! c'est à vous de me punir :
Oui, je vous ai fait une offense,
Qui me rend indigne du jour ;
N'écoutez que votre vengeance.

FLORISE.

Je n'écoute que mon amour.

DAMON.

Ah ! je sens tout le mien renaître ;
Et je veux suivre à jamais votre loi.

FLORISE.

TROMPÉE. 33

FLORISE, *déchirant le Dédit, & remettant à Damon le Braffelet.*

Ce Dédit déchiré vous en laiſſe le maître,
Et je vous rends ce gage de ma foi.
(*A Clarice, ironiquement.*)
Je vous enleve une conquête.

CLARICE, *gaiment.*

Ce malheur ne peut me troubler;
Mille autres cœurs pourront me conſoler:
Livrons-nous aux plaiſirs; jouiſſons de la Fête.

FLORISE.   TRIO.

Que notre ten- dreſſe Re- naiſſe Sans

CLARICE.

DAMON.

Que notre ten- dreſſe Re- naiſſe Sans

ceſſe, Goûtons à ja- mais, à ja-

ceſſe, Goûtons à ja- mais, à ja-

C

TROMPÉE. 35

à ja- mais Ses at- traits.

N'aimons ja- mais.

à ja- mais Ses at- traits.

CLARICE.

Fefons triom- pher nos charmes,

Tout doit nous rendre les armes; Tous les

cœurs font à nous. U-ne Bel-le qui fou-

pi- re Re- nonce à fes droits les plus

doux; Ai-mer, c'eft perdre fon Em-pi-re, Ai-

C ij

TROMPÉE. 37

LA COQUETTE

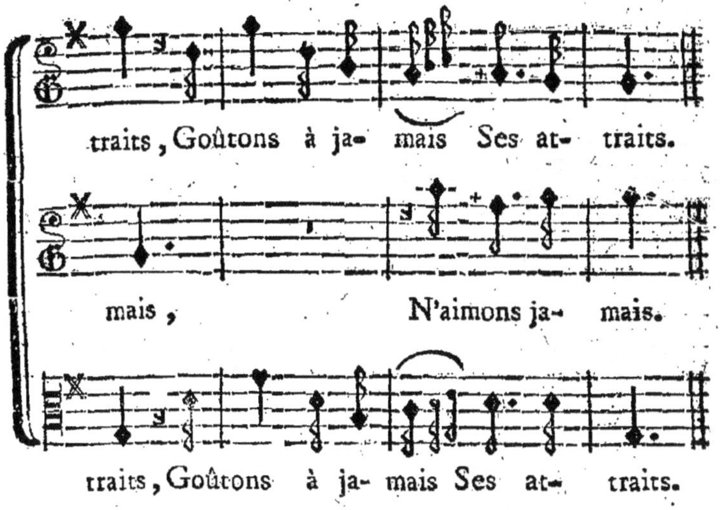

TROMPÉE.

traits, Goûtons à jamais Ses attraits.

mais, N'aimons jamais.

traits, Goûtons à jamais Ses attraits.

(*Entrée de Masques de différents Caracteres.*)

VAUDEVILLE.

CLARICE.

LOrsque l'Amour a des rigueurs, Il faut en affranchir nos cœurs. On est bien dupe, Quand on s'occupe D'un espoir qui nous fait languir; Par la peine, Par la

LA COQUETTE TROMPÉE.

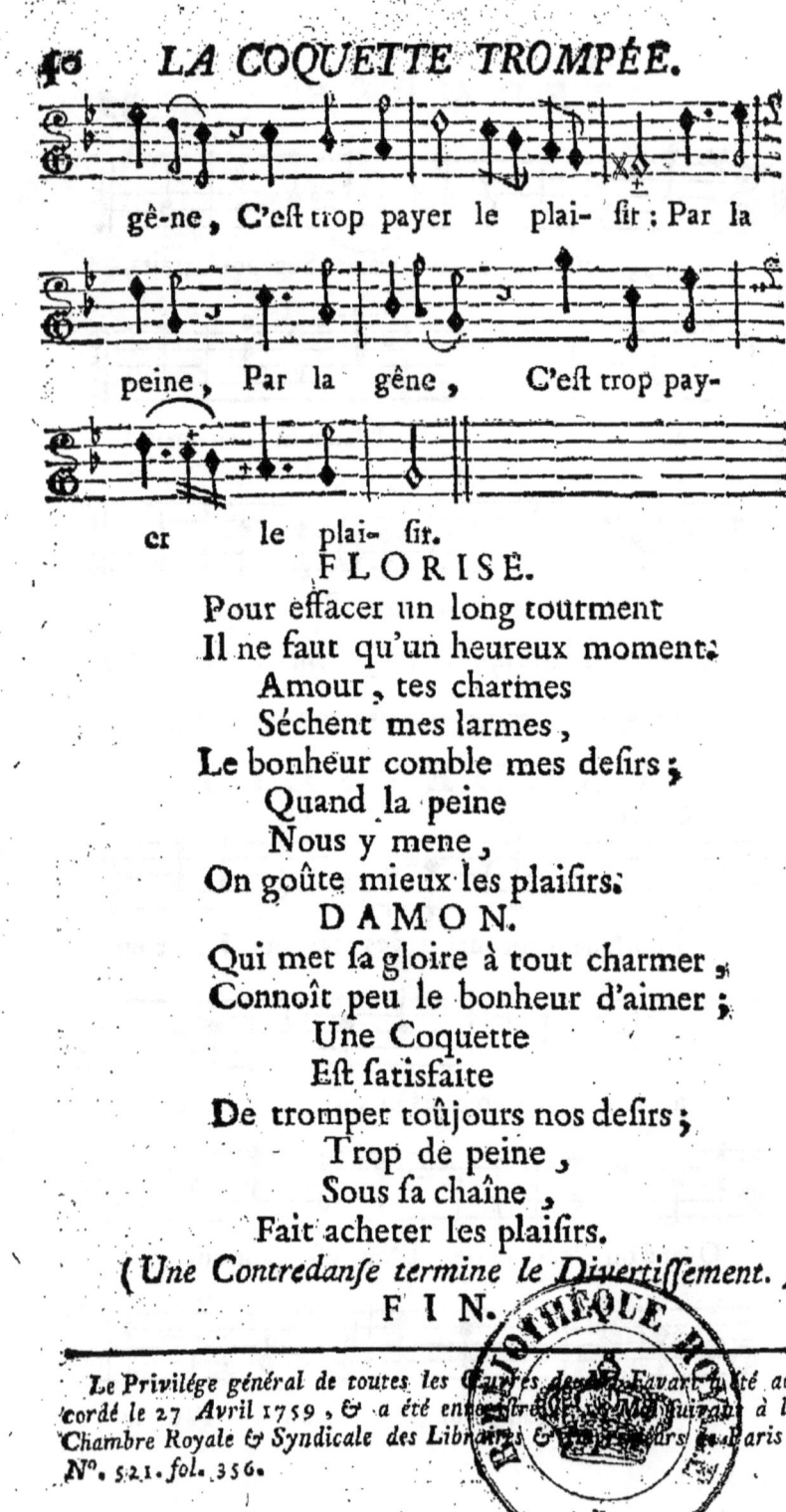

gê-ne, C'est trop payer le plai-sir: Par la peine, Par la gêne, C'est trop payer le plai-sir.

FLORISE.
Pour effacer un long tourment
Il ne faut qu'un heureux moment:
Amour, tes charmes
Séchent mes larmes,
Le bonheur comble mes desirs;
Quand la peine
Nous y mene,
On goûte mieux les plaisirs.

DAMON.
Qui met sa gloire à tout charmer,
Connoît peu le bonheur d'aimer;
Une Coquette
Est satisfaite
De tromper toûjours nos desirs;
Trop de peine,
Sous sa chaîne,
Fait acheter les plaisirs.

(Une Contredanse termine le Divertissement.)

FIN.

Le Privilége général de toutes les Œuvres de M. Favart a été accordé le 27 Avril 1759, & a été enregistré à la Chambre Royale & Syndicale des Libraires & Imprimeurs de Paris, N°. 521. fol. 356.

www.ingramcontent.com/pod-product-compliance
Lightning Source LLC
Chambersburg PA
CBHW050426170426
43201CB00008B/554